EinFach Deutsch

Unterrichtsmodell

Gerhart Hauptmann

Vor Sonnenuntergang

Erarbeitet von
Annegret Kreutz

Herausgegeben von
Johannes Diekhans

Baustein 3: Fortsetzung			
3.7	Gewissenskonflikt: Gefühl und Vernunft – Clausen im Gespräch mit Inken	S. 51–57	Textarbeit Tafelskizze Unterrichtsgespräch Arbeitsblatt 9
3.8	Das Familienfest: Inken als Fremdkörper	S. 59–73	Textarbeit Unterrichtsgespräch
3.9	Das Familienfest: Der Bruch mit der Familie	S. 74–80	Tagebucheintrag szenisches Spiel Arbeitsblatt 10

Baustein 4: Entwicklung des Selbstmordmotivs (S. 70–79 im Modell)			
4.1	Clausens Einsamkeit und die Schachparabel als Thematik des Stücks	1. Akt	Textarbeit Unterrichtsgespräch Arbeitsblatt 11
4.2	Gespräch Clausens mit Inken über den Freitod	2. Akt	Textarbeit Unterrichtsgespräch Tafelskizze Referat Arbeitsblatt 12 Zusatzmaterial 8–9
4.3	Entmündigung Clausens als Freibrief für sein Verhalten	4. Akt	Textarbeit Tafelskizze Unterrichtsgespräch
4.4	Zusammenbruch Clausens	5. Akt	Textarbeit Tafelskizze Unterrichtsgespräch Referat Zusatzmaterial 10

Baustein 5: Die Struktur des Dramas (S. 80–86 im Modell)			
5.1	Der Aufbau	ges. Text	Textarbeit Arbeitsblatt 13 Zusatzmaterial 11
5.2	Naturalistische Elemente im Schauspiel Hauptmanns	ges. Text	Textarbeit Referat Unterrichtsgespräch Arbeitsblatt 14

Baustein 6: Das klassische Humanitätsideal im Drama (S. 87–112 im Modell)			
6.1	Der Bildungsbegriff Clausens	ges. Text	Textarbeit Unterrichtsgespräch Arbeitsblatt 15 Arbeitsblatt 16
6.2	Hauptmanns Stilkonservatismus	ges. Text	Textarbeit Unterrichtsgespräch Arbeitsblatt 17–21

Vor Sonnenuntergang

Baustein 1: Mögliche Einstiege (S. 18–22 im Modell)

1.1	Erste Leseeindrücke	ges. Text	Textarbeit Schreibauftrag Tafelskizze
1.2	Das Gutachten	ges. Text	Textarbeit Schreibauftrag
1.3	Rollenbiografien	ges. Text	Textarbeit Schreibauftrag Unterrichtsgespräch Arbeitsblatt 1
1.4	Die ersten Seiten	S. 9–35	Schreibauftrag

Baustein 2: Hintergründe (S. 23–38 im Modell)

2.1	Grundeinstellung Gerhart Hauptmanns als Basis für sein dichterisches Schaffen	G. Hauptmann: Deutsche Wiedergeburt [Auszug] Hauptmanns literarische Tätigkeit [Auszüge] G. Hauptmann: Ungebrochener Deutscher Idealismus [Auszug]	Textarbeit Tafelskizze Arbeitsblatt 2–4 Zusatzmaterial 1 Zusatzmaterial 2
2.2	Gründung der Dichterakademie		Textarbeit Schreibauftrag Tafelskizze Unterrichtsgespräch Arbeitsblatt 5
2.3	Hauptmann und Goethe		Textarbeit Schreibauftrag Tafelskizze Arbeitsblatt 6–7 Zusatzmaterial 3–5

Baustein 3: Die Personen im Drama (S. 39–74 im Modell)

3.1	Matthias Clausen – Geschäftsmann und Humanist	1. Akt	Textarbeit (alternativ: Zusatzmaterial 6) Tafelskizze
3.2	Zwei Welten treffen aufeinander – Inken Peters (1. Akt)	S. 19–23	Textarbeit Arbeitsblatt 8
3.3	Wolfgang Clausen und Paula Clothilde	S. 9–13, 21–23, 65–74	Textarbeit Tafelskizze Unterrichtsgespräch
3.4	Ottilie und Erich Klamroth	S. 12–18, 20–31, 61–78	Textarbeit Tafelskizze Unterrichtsgespräch
3.5	Bettina	S. 37–49	Unterrichtsgespräch Textarbeit
3.6	Handeln aus Liebe oder aus Vernunft? – Inkens Gespräch mit ihrer Mutter	S. 46–51	Unterrichtsgespräch Textarbeit

Bildnachweis:

S. 9: © Cinetext/Ziebe – S. 102: Archiv für Kunst und Geschichte, Berlin – S. 104 o. l.: Jürgens Ost und Europa Foto – S. 104 o. r.: © VG Bild-Kunst, Bonn 2010, Foto: bpk – S. 104 u. l.: H. U. Steger, Weltwoche Zürich 10.6.1949 – S. 105 l.: bpk – S. 105 r.: bpk/SBB/Hugo Erfurth – S. 109: Heinrich Schneider/Verlagsarchiv Schöningh

© 2011 Bildungshaus Schulbuchverlage
Westermann Schroedel Diesterweg Schöningh Winklers GmbH
Braunschweig, Paderborn, Darmstadt

www.schoeningh-schulbuch.de
Schöningh Verlag, Jühenplatz 1–3, 33098 Paderborn

Das Werk und seine Teile sind urheberrechtlich geschützt.
Jede Nutzung in anderen als den gesetzlich zugelassenen Fällen bedarf der vorherigen schriftlichen Einwilligung des Verlages.
Hinweis zu § 52a UrhG: Weder das Werk noch seine Teile dürfen ohne eine solche Einwilligung gescannt und in ein Netzwerk gestellt werden.
Das gilt auch für Intranets von Schulen und sonstigen Bildungseinrichtungen.

Auf verschiedenen Seiten dieses Buches befinden sich Verweise (Links) auf Internetadressen. Haftungshinweis: Trotz sorgfältiger inhaltlicher Kontrolle wird die Haftung für die Inhalte der externen Seiten ausgeschlossen. Für den Inhalt dieser externen Seiten sind ausschließlich deren Betreiber verantwortlich. Sollten Sie dabei auf kostenpflichtige, illegale oder anstößige Inhalte treffen, so bedauern wir dies ausdrücklich und bitten Sie, uns umgehend per E-Mail davon in Kenntnis zu setzen, damit beim Nachdruck der Verweis gelöscht wird.

Druck 5 4 3 2 1 / Jahr 2015 14 13 12 11
Die letzte Zahl bezeichnet das Jahr dieses Druckes

Umschlaggestaltung: Jennifer Kirchhof
Druck und Bindung: westermann druck GmbH, Braunschweig

ISBN 978-3-14-022446-8

Vorwort

Der vorliegende Band ist Teil einer Reihe, die Lehrerinnen und Lehrern erprobte und an den Bedürfnissen der Schulpraxis orientierte Unterrichtsmodelle zu ausgewählten Ganzschriften und weiteren relevanten Themen des Faches Deutsch bietet.
Im Mittelpunkt der Modelle stehen Bausteine, die jeweils thematische Schwerpunkte mit entsprechenden Untergliederungen beinhalten.
In übersichtlich gestalteter Form erhält der Benutzer/die Benutzerin zunächst einen Überblick zu den im Modell ausführlich behandelten Bausteinen.

Es folgen:

- Hinweise zu den Handlungsträgern
- Zusammenfassung des Inhalts und der Handlungsstruktur
- Vorüberlegungen zum Einsatz des Dramas im Unterricht
- Hinweise zur Konzeption des Modells
- Ausführliche Darstellung der einzelnen Bausteine
- Zusatzmaterialien

Ein besonderes Merkmal der Unterrichtsmodelle ist die Praxisorientierung. Enthalten sind kopierfähige Arbeitsblätter, Vorschläge für Klassen- und Kursarbeiten, Tafelbilder, konkrete Arbeitsaufträge, Projektvorschläge. Handlungsorientierte Methoden sind in gleicher Weise berücksichtigt wie eher traditionelle Verfahren der Texterschließung und -bearbeitung.
Das Bausteinprinzip ermöglicht es dabei den Benutzern, Unterrichtsreihen in unterschiedlicher Weise und mit unterschiedlichen thematischen Akzentuierungen zu konzipieren. Auf diese Weise erleichtern die Modelle die Unterrichtsvorbereitung und tragen zu einer Entlastung der Benutzer bei.

Das vorliegende Modell bezieht sich auf folgende Textausgabe:
Gerhart Hauptmann: Vor Sonnenuntergang. Berlin: Ullstein ¹⁶2007.
ISBN: 978-3-548-23565-3.

 Arbeitsfrage
 Einzelarbeit
 Partnerarbeit
 Gruppenarbeit
 Unterrichtsgespräch
 Schreibauftrag
 szenisches Spiel, Rollenspiel
 Mal- und Zeichenauftrag
 Bastelauftrag
 Projekt, offene Aufgabe

Inhaltsverzeichnis

Inhaltsverzeichnis

1. Die Hauptpersonen   10

2. Handlung und Aufbau des Dramas   12

3. Vorüberlegungen zum Einsatz des Dramas im Unterricht   13

4. Konzeption des Unterrichtsmodells   17

5. Die thematischen Bausteine des Modells   18

   Baustein 1: Mögliche Einstiege   18
   1.1 Erste Leseeindrücke   18
   1.2 Das Gutachten   19
   1.3 Rollenbiografien   20
   1.4 Die ersten Seiten (S. 9–35)   20
   Arbeitsblatt 1: Rollenbiografien – Die Figuren stellen sich einem imaginären Publikum vor   22

   Baustein 2: Hintergründe   23
   2.1 Grundeinstellung Gerhart Hauptmanns als Basis für sein dichterisches Schaffen   23
   2.2 Gründung der Dichterakademie   27
   2.3 Hauptmann und Goethe   28
   Arbeitsblatt 2: Hauptmanns nationales Bewusstsein   31
   Arbeitsblatt 3: Hauptmanns literarische Tätigkeit: Ein Zwiespalt   32
   Arbeitsblatt 4: Hauptmanns Kritik am literarischen Schaffen der 20er-Jahre   34
   Arbeitsblatt 5: Hauptmann und die Dichterakademie   35
   Arbeitsblatt 6: Ein Spottgedicht – Karl Kinndt: Sechstagerennen um Hauptmann   37
   Arbeitsblatt 7: Goethe-Rede [Auszug]   38

   Baustein 3: Die Personen im Drama   39
   3.1 Matthias Clausen – Geschäftsmann und Humanist   39
   3.2 Zwei Welten treffen aufeinander – Inken Peters im Hause Clausens (1. Akt)   41
   3.3 Wolfgang Clausen und Paula Clothilde   44
   3.4 Ottilie und Erich Klamroth   48
   3.5 Bettina   50
   3.6 Handeln aus Liebe oder aus Vernunft? – Inkens Gespräch mit ihrer Mutter   51
   3.7 Gewissenskonflikt: Gefühl und Vernunft – Clausen im Gespräch mit Inken   53
   3.8 Das Familienfest: Inken als Fremdkörper (S. 59–73)   56
   3.9 Das Familienfest: Der Bruch mit der Familie (S. 74–80)   61
   Arbeitsblatt 8: Die Beziehung der Familienmitglieder zu Inken   65
   Arbeitsblatt 9: Symbolik des Gartens   67
   Arbeitsblatt 10: Gesprächsverlauf bei der Familientafel (S. 75–76)   68

   Baustein 4: Entwicklung des Selbstmordmotivs   70
   4.1 Clausens Einsamkeit und die Schachparabel als Thematik des Stücks (1. Akt)   70
   4.2 Gespräch Clausens mit Inken über den Freitod (2. Akt)   72

4.3   Entmündigung Clausens als Freibrief für sein Verhalten   74
4.4   Zusammenbruch Clausens (5. Akt)   74
Arbeitsblatt 11: Funktion der Parabel   78
Arbeitsblatt 12: Seneca: Vom glücklichen Leben   79

Baustein 5: Die Struktur des Dramas   80
5.1   Der Aufbau   80
5.2   Naturalistische Elemente im Schauspiel Hauptmanns   81
Arbeitsblatt 13: Pyramidenschema des fünfaktigen Regeldramas nach Gustav Freytag (1863)   85
Arbeitsblatt 14: Vergleich der Regieanmerkungen in „Vor Sonnenaufgang" und in „Vor Sonnenuntergang"   86

Baustein 6: Das klassische Humanitätsideal im Drama   87
6.1   Der Bildungsbegriff Clausens   87
6.2   Hauptmanns Stilkonservatismus   89
Arbeitsblatt 15: Wilhelm von Humboldt: Verknüpfung unseres Ichs mit der Welt   94
Arbeitsblatt 16: Johann Gottfried Herder: Humanität als Ziel   95
Arbeitsblatt 17: Fritz Sternberg: Der Niedergang des Dramas   96
Arbeitsblatt 18: Von deutscher Repräsentanz – Gerhart Hauptmann und Thomas Mann [Auszug]   98
Arbeitsblatt 19: Lexikonartikel „Typus"   99
Arbeitsblatt 20: Bertolt Brecht: Die Straßenszene als Grundmodell für episches Theater (1938)   100
Arbeitsblatt 21: Bertolt Brecht: Die Bühne begann zu erzählen   101

Zusatzmaterial 1:   Gerhart Hauptmann: Biografie   102
Zusatzmaterial 2:   Hauptmanns Absage an politisches Engagement   103
Zusatzmaterial 3:   Hauptmann als Dichter-König   104
Zusatzmaterial 4:   Hauptmann und Goethe   105
Zusatzmaterial 5:   Hauptmanns Goethe-Rede [Auszug]   106
Zusatzmaterial 6:   Erklärungen zu Eigennamen   107
Zusatzmaterial 7:   Max Pinkus   108
Zusatzmaterial 8:   Die Philosophie der Stoiker   109
Zusatzmaterial 9:   Seneca: Tugend und sittliche Vollkommenheit   110
Zusatzmaterial 10: Johann Wolfgang von Goethe: Die Leiden des jungen Werthers (1772)   111
Zusatzmaterial 11: Das aristotelische Drama   112

Vor Sonnenuntergang

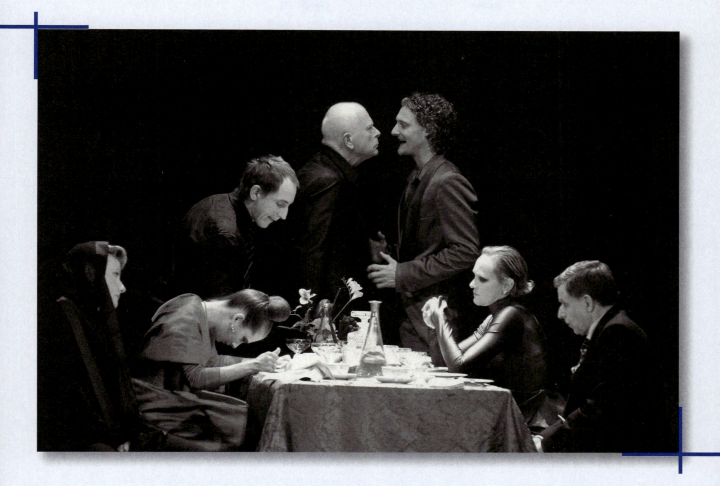

Geheimrat Clausen. […] Übrigens eine Frage, Bettine: Anstand, einfach den gebotenen Anstand zu üben, rechnest du das unter die schweren oder unter die leichten Aufgaben?
Bettina. Anstand ist für gebildete Menschen gar keine Aufgabe. Er ist etwas, was sich von selbst versteht.
Geheimrat Clausen. Und ihr, Bettine, ihr seid gebildet?
Bettina. Ich denke doch, dass du unserem Kreise Bildung nicht absprechen wirst.
Geheimrat Clausen. Zu deutsch: eine gute Kinderstube … – wenn es auch Leute gibt, die auf schiefgerücktem Stuhle sitzen und meistens mit dem Ellenbogen auf der Tischplatte sind. […]
Nein, ich spreche euch Bildung nicht ab. Nur hat eure Bildung einige Lücken. Es sind dieselben, die auch euer Anstand hat. – Reden wir lieber von etwas anderem. […]

Gerhart Hauptmann: Sämtliche Werke, hrsg. von Hans-Egon Hass © 1996 Propyläen Verlag in der Ullstein Buchverlage GmbH, Berlin

Die Hauptpersonen

Matthias Clausen: Geheimrat, ein Mann von siebzig Jahren, Gründer und Leiter eines Betriebes, seit drei Jahren verwitwet, Vater von vier erwachsenen Kindern. Er ist äußerst interessiert an humanistischer Bildung: Der Stoiker Seneca, Marc Aurel und vor allem J. W. von Goethe finden sein Interesse. Seit dem Tod seiner Ehefrau, der Mutter seiner erwachsenen Kinder, kümmert sich seine Tochter Bettina aufopferungsvoll um ihn. Er selbst betrachtet die abgöttische Liebe Bettinas zu ihm mit Skepsis. Er verliebt sich noch einmal in die viel jüngere Kindergärtnerin Inken Peters. Dass er mit dieser Liebe auf Ablehnung seitens seiner Kinder stößt, interessiert ihn nicht. Als er erkennt, dass seine Kinder mehr an seinem Erbe als an seinem Glück interessiert sind, pocht er auf seine Ehre und seinen Stolz und bricht mit seiner Familie. Schließlich nimmt er sich, dem Wahnsinn verfallen, das Leben, als er erfährt, dass seine Kinder ihn entmündigt haben.

Inken Peters: Kindergärtnerin, 19 Jahre alt. Sie hat ein tugendhaftes Wesen, erfüllt die an sie gestellten Erwartungen pflichtgemäß. Aufgewachsen ist sie ohne Vater; dieser hat sich – schuldlos inhaftiert – im Gefängnis das Leben genommen. Möglicherweise hat sie sich im Verlangen nach einer Vaterfigur, die sie lange Jahre entbehrt hat, in den wesentlich älteren Geheimrat Clausen verliebt.

Bettina Clausen: Älteste, unverheiratete Tochter des Geheimrats, 36 Jahre alt und körperlich etwas verwachsen. Nach dem Tod der Mutter hat sie sich aufopferungsvoll um ihren Vater gekümmert. Sie hat okkultische Neigungen und erzählt ihrem Vater von ihren Träumen, in denen er als höheres Wesen auftritt. Durch die Beziehung des Vaters zu Inken fühlt sie sich betrogen. Die abgöttische Liebe zum Vater verwandelt sich in Hass.

Egmont Clausen: Jüngster Sohn, genannt Egert, 20 Jahre alt, liebt schnelle Autos, genießt das Leben und lebt eher unbeschwert. Im Gegensatz zu seinen Geschwistern erscheint er nicht als habgierig und ausschließlich darauf bedacht, einen Teil des väterlichen Vermögens zu erben. Die Verbindung des Vaters zu Inken akzeptiert er problemlos und er hegt Sympathie für die neue Partnerin seines Vaters, wie verschiedene gemeinsame Unternehmungen der drei zeigen. Die Intrigen gegen seinen Vater unterstützt er nicht.

Wolfgang Clausen: Erfolgreicher Sohn, 43 Jahre alt. Er ist Professor der Philologie, verheiratet mit Paula Clothilde. Er besitzt mangelndes Reflexionsvermögen, denkt nahezu ausschließlich an seinen Ruf als Professor und an seine Karriere. Um Menschenkenntnisse bemüht er sich nicht, er glaubt unreflektiert den Unwahrheiten seiner Frau. In praktischen Lebensdingen scheint er eher unbeholfen, unkritisch und unsensibel. Er und seine Frau sind begierig auf das Vermögen des Vaters.

Die Hauptpersonen

Paula Clothilde Clausen: Ehefrau von Wolfgang Clausen, geb. von Rübsamen, 35 Jahre alt, intrigant und heuchlerisch. Sie versucht mit erpresserischen Postkarten und Verleumdungen jeglicher Art, Inken Peters und auch deren Mutter zum Wegzug zu bewegen. Ihre ungeschliffene Sprache entspricht ihrem plumpen Auftreten und ihrem gierigen und egoistischen Verhalten.

Ottilie Klamroth: Jüngere Tochter des Geheimrats, 27 Jahre alt, verheiratet mit Erich Klamroth. Wie ihr Bruder Wolfgang ist sie begierig, das Vermögen des Vaters zu erben. Ansonsten ist sie eher unscheinbar.

Erich Klamroth: Ehemann Ottilies, Schwiegersohn von Matthias Clausen. Sein Handeln ist beherrscht von Machtinteressen und Profitgier. Er ist der Wortführer der „Familie". Intrigant stellt er im Verbund mit Paula und Wolfgang einen Entmündigungsantrag. Er wird ermächtigt, Direktor der Betriebe zu sein.

Professor Geiger: Schulfreund des Geheimrats, inzwischen Professor an der Universität Cambridge. Beide sehen sich auf dem Fest zu Ehren Matthias Clausens wieder. Er ist ehrlich, aufrichtig und zuverlässig.

Justizrat Hanefeldt: Schmarotzer, nimmt sich, was er braucht. Er regelt als Anwalt der Familie das Entmündigungsverfahren.

Dr. Steynitz: Sanitätsrat, Hausarzt und Hausfreund Clausens. Er durchschaut die Machenschaften der Familienmitglieder und unterstützt die Belange Matthias Clausens.

Handlung und Aufbau des Dramas

Das Drama „Vor Sonnenuntergang" besteht aus insgesamt fünf Akten.

Der erste Akt beginnt mit einer Gartenfeier auf dem Anwesen des Geheimrats Clausen, in deren Rahmen dieser geehrt werden soll. Nach dem Tod seiner Frau ist dies der erste große Auftritt. Zu dem Fest ist auch die Nichte des Gärtners, Inken Peters, eingeladen. Mithilfe der wesentlich jüngeren Kindergärtnerin hofft Clausen – von seiner Familie enttäuscht –, ein neues Leben beginnen zu können. Aus Missgunst und Angst, das Erbe zu verlieren, setzen die Kinder alles daran, diese Beziehung zwischen dem bereits 70-jährigen Vater und seiner wesentlich jüngeren Bekanntschaft zu verhindern.

Der Geheimrat droht an den Machenschaften seiner Kinder zu zerbrechen und kämpft um seine Liebe zu Inken. Ohne intensiven Kontakt zu seiner Familie führen beide schließlich – für eine kurze Zeit – ein glückliches Leben.

Doch dann erfährt Clausen, dass seine Kinder seine Entmündigung veranlasst haben, da sie ihn für nicht zurechnungsfähig halten. Nach einer Auseinandersetzung mit der Familie flieht der Geheimrat nach Broich, zum Wohnsitz Inkens und ihrer Mutter. Völlig verwirrt kommt er dort an und glaubt, Inken zu treffen; diese aber wohnt schon eine gewisse Zeit mit ihm in seiner Villa zusammen und erfährt offenbar von seiner Flucht von dort erst zu einem späteren Zeitpunkt.

Nach dem Zusammenbruch Clausens gerät Inken – so erfährt der Zuschauer später aus ihrem Bericht an die Mutter (vgl. 5. Akt) – in einen Streit mit Klamroth und ist deshalb für diesen Moment von Clausen getrennt. Während dieser Auseinandersetzung gelingt dem Geheimrat die Flucht nach Broich.

Als er dort ankommt, ahnt Inkens Mutter Unheilvolles und ruft sofort den Pastor von nebenan. Wenig später kommt auch Inken mit Professor Geiger, dem Jugendfreund Clausens, zum mütterlichen Haus und ist verzweifelt. Ein vorbereiteter Fluchtversuch – Inken will mit Clausen fliehen – scheitert, weil Clausen gesundheitlich nicht dazu in der Lage ist.

Aus Angst um ihre Tochter verzögert die Mutter die Begegnung zwischen Inken und dem Geheimrat. Während man versucht, Inken von Clausen fernzuhalten, damit dieser zur Ruhe kommt, vergiftet er sich und stirbt.

Seine Familie, die sich inzwischen auf Gut Broich versammelt hat, sitzt betroffen im Haus des Pastors.

Vorüberlegungen zum Einsatz des Dramas im Unterricht

Hauptmanns Drama „Vor Sonnenuntergang" wurde bisher im Verhältnis zu seinen anderen Werken nur wenig beachtet. Einerseits wurde es in die Nähe des Naturalismus gerückt, andererseits ließen die literarischen Elemente und das Metaphysische eine zeitkritische Interpretation des Dramas nicht zu. Das Werk leistete jedoch einen entscheidenden Beitrag zum Goethejahr 1932 und spiegelt Hauptmanns Verehrung für Goethe wider. So gibt es Reminiszenzen an Goethes literarisches Werk, die sich etwa in Namensgleichheiten und in szenischen Ähnlichkeiten zeigen.
Die dem Drama zugrunde liegenden Thematiken sind den Schülerinnen und Schülern grundsätzlich nicht unbekannt: die Liebe eines älteren Mannes zu einer wesentlich jüngeren Frau; Erbschaftsangelegenheiten, verknüpft mit einer desolaten familiären Situation; ein Generationenkonflikt, der aufgrund familiärer Veränderungen entsteht und sich schließlich an unterschiedlichen Lebensauffassungen und -einstellungen der Familienmitglieder entzündet. Zudem befürchten die Familienmitglieder den Verlust ihres Erbteils des Familienvermögens, zu dem sie selbst nichts beigetragen haben. Auch dieser Konflikt dürfte den jungen Menschen nicht fremd sein. Im konkreten Fall betrifft es das Erbe, um das sich die Kinder betrogen fühlen; sie ziehen offensichtlich ihren eigenen Machtanspruch und materiellen Wohlstand dem psychischen Wohlbefinden des Vaters vor. Hinzu kommt noch, dass sie auf das Vermögen des Vaters bereits zu seinen Lebzeiten Anspruch erheben und alles versuchen, dieses Vermögen gänzlich zu bewahren. Vor diesem Hintergrund des unverblümten Interesses an Besitzstandswahrung ist das Machtinteresse des künftigen Geschäftsinhabers Klamroth, des Schwiegersohns Clausens, zu sehen. Der wirtschaftliche Konkurrenzkampf erfordert entsprechende strategische Überlegungen, um auf dem Markt bestehen zu können. Diesem Kampf um die Macht ist Clausen nicht gewachsen. Dass in diesem Machtgerangel ethisch-moralische Werte wie etwa Persönlichkeit des Einzelnen, Humanität oder Bildungsideale nur erschwert ein Fundament haben und stattdessen Profitmaximierung, Sachlichkeit und rationales Denken im Vordergrund stehen, dürfte den Lernenden vor dem Hintergrund der aktuellen wirtschaftlichen Krise bekannt sein.
Es wird sich im Unterrichtsverlauf immer wieder zeigen, dass die entstehenden Diskussionen die rein literarische Ebene des Dramas verlassen und auf eine allgemeine Ebene wechseln. So erscheint z. B. die Frage nach der Aktualität Goethes bzw. der Weimarer Klassik dann befremdlich, wenn sie nur vor dem Hintergrund der literarischen Epoche und ihrer Rezeption betrachtet wird. Sofern aber das Handeln der Personen als typisch bezeichnet und als Folge des Humanitätsverlustes begriffen wird, der zu mangelnder Verantwortung für den Einzelnen und die Mitmenschen führt, scheint das Drama an Aktualität nichts verloren zu haben.
Die Entstehungszeit des Dramas fällt in die Zeit der Ausbreitung der Massenkommunikationsmittel. Die sich daran entzündende Frage nach der Sinnhaftigkeit und Funktion des Theaters nimmt die gegenwärtige Diskussion darüber vorweg.
Gerade in einer Zeit zunehmender Digitalisierung und Virtualisierung der Welt, der Globalisierung und eines unbestimmten Wertewandels bleibt zu fragen, ob und inwiefern das Drama bzw. das Theater überhaupt noch eine erzieherische Funktion hat und attraktiv ist. In diesem Zusammenhang kann zudem die Frage nach dem Einfluss neuer Medien im Gegensatz zum Einfluss von Literatur und Theater gestellt werden. Sind dies Gegensätze oder eher gegenseitige Ergänzungen?
In Bezug auf humanistische Bildung kann erörtert werden, wie der Zusammenbruch einer humanistischen Bildungswelt mit dem Machtanspruch skrupelloser, nach Profit strebender

Menschen, die gleichsam als Erben jener Humanität gelten, zu bewerten ist, wenn sie diese bereitwillig opfern und selbst zu „Dämonen" (S. 32/33) werden.

Das Schauspiel lässt sich aufgrund seiner Struktur und Komposition nur schwer einer bestimmten literarischen Epoche zuordnen. Durchsetzt mit naturalistischen Elementen folgt es inhaltlich in seiner Grundaussage dem klassischen Humanitätsideal. Aus diesem Grund ist es für eine ertragreiche Unterrichtsarbeit lohnend, zusätzlich auch Hauptmanns „Vor Sonnenaufgang" – sofern es möglich ist – im Unterricht zu behandeln.

Ein inhaltlich thematischer Vergleich beider Dramen (das überwiegend Naturalistische im Drama „Vor Sonnenaufgang" versus die Orientierung am klassischen Humanitätsideal im Drama „Vor Sonnenuntergang") spiegelt nicht nur umfassend das dichterische Schaffen Hauptmanns wider, sondern zeigt in erster Linie sein dichterisches Selbstverständnis: die Bildung des einzelnen Menschen zur Humanität.

Bereits vor Lektürebeginn können folgende zeitaufwändige Referate verteilt werden:

- Referat zu Gerhart Hauptmann (Zusatzmaterial 1)

- Hauptmanns Beziehung zu Goethe
  Hauptmanns Verehrung von Goethe zeigt sich u. a. an verschiedenen Entlehnungen aus dessen Werken (z. B. das Verhalten Inkens, Namensgebung der Kinder Clausens). Behandelt werden sollte:
  J. Wolfgang v. Goethes Briefroman „Die Leiden des jungen Werthers" (Baustein 2, Baustein 6). In diesem Zusammenhang kann sich ein Referat über den Roman „Die Wahlverwandtschaften" anschließen. Inwiefern eine inhaltliche Vertiefung vorgesehen ist, entscheidet die Lehrkraft.
  Der Lehrkraft bleibt es zudem überlassen, ob die „Marienbader Elegie" inhaltlich eingesetzt werden soll, um Goethes Verhältnis zu Ulrike von Levetzow als Parallele zum Verhältnis von Matthias Clausen und Inken aufzuzeigen.

- Die politische Situation in Deutschland von 1900–1932 (Baustein 2)

- Hauptmanns Verhältnis zu Thomas Mann (Baustein 2)

- Hauptmanns Verhältnis zu Alexander Döblin (Baustein 2)

- William Shakespeare: King Lear (1. Akt). Entscheidend ist das Verhältnis des Königs zu seiner jüngsten Tochter Cordelia (Baustein 3).

- Wiederholung verschiedener Kommunikationsmodelle (nach Entscheidung der Lehrperson). Vorgeschlagen wird hier: Friedemann Schulz von Thuns „Die vier Seiten einer Nachricht" (Baustein 4).

- Die Epoche des Naturalismus am Beispiel des Dramas „Vor Sonnenuntergang" von Gerhart Hauptmann (Baustein 5)

- Hauptmanns Drama „Vor Sonnenaufgang" (Baustein 5)
  Schwerpunktmäßig behandelt werden sollten:
  - Charakterisierung Helenes
  - Selbstmordmotiv Helenes
  - Jagdmotivik
  - Funktion der Regieanmerkungen

Klausurvorschläge, Facharbeitsthemen und Projektvorschläge

Klausurvorschläge

Thema 1 Textgrundlage: Gerhart Hauptmann: „Vor Sonnenuntergang", S. 43 („Woran starb doch Ihr Mann?") bis S. 46 („Es kommt darauf an, wer der Stärkere ist") und S. 47/48 („Du hast junge Menschen in Menge kennengelernt ...") bis S. 51 („Inken, wir sind von Feinden umgeben!")

- *Beschreiben Sie kurz, wie es zu diesem Gespräch zwischen Frau Peters und Justizrat Hanefeldt gekommen ist.*
- *Erläutern Sie Inhalt und Verlauf dieser Szene und in diesem Zusammenhang auch die sprachliche Form.*
- *Vergleichen Sie das Verhalten und die Reaktion der Mutter in diesem Gespräch mit ihrem Verhalten im Gespräch mit Inken.*

Thema 2 Textgrundlage: Gerhart Hauptmann: „Vor Sonnenuntergang", S. 68 („Vater hat Ringe und Schmuckstücke weggebracht ...") bis S. 71 („Still, das Undenkbare scheint sich nun doch zu ereignen!")

- *Umreißen Sie kurz, in welchem Zusammenhang diese Szene steht und in welcher Verfassung sich die Kinder befinden.*
- *Erläutern Sie Inhalt, Verlauf und sprachliche Gestaltung der Szene.*
- *Beurteilen Sie, wie und auf welcher Grundlage die Familie diskutiert und argumentiert.*

Thema 3 Textgrundlage: Gerhart Hauptmann: „Vor Sonnenuntergang", S. 71 („Still, das Undenkbare scheint sich nun doch zu ereignen!") bis S. 74 („Was habt ihr nun also erreicht, meine Herrschaften?")

- *Fassen Sie die Vorgeschichte der Begegnung zwischen den Familienmitgliedern auf dem Fest zusammen.*
- *Erläutern Sie Inhalt, Verlauf und sprachliche Gestaltung des Gesprächs unter Einbeziehung der sprachlichen Mittel. Achten Sie dabei auch auf die Regieanmerkungen.*
- *Beurteilen Sie, wie Matthias Clausen Inken in die Familie einführt. Berücksichtigen Sie dabei Clausens Auffassung von Bildung.*

Thema 4 Textgrundlage: Gerhart Hauptmann: „Vor Sonnenuntergang", S. 79 („Wir wollen ja nur ins Vertrauen gezogen sein, damit wir nicht im Dunkel herumtappen.") bis S. 80 („Ich lasse mir nicht das Lebenslicht ausblasen.")

- *Ordnen Sie kurz die Szene in den Gesamtzusammenhang ein.*
- *Analysieren Sie das Gespräch.*
- *Beurteilen Sie die Vorwürfe des Geheimrats an seine Kinder. Berücksichtigen Sie dabei auch den Bildungsanspruch Clausens und die Zeitumstände.*

Thema 5 Textgrundlage: Wilhelm von Humboldt: „Verknüpfung unseres Ichs mit der Welt" (**Arbeitsblatt 15**, S. 94)

- *Erarbeiten Sie auf der Grundlage des Textes „Verknüpfung unseres Ichs mit der Welt" Wilhelm von Humboldts Ansicht über das Wesen des Menschen.*
- *Erörtern Sie die Relevanz dieses Menschenbildes für die Bewertung von Hauptmanns Konzeption der Figur Matthias Clausen.*

Thema 6 Textgrundlage: Fritz Sternberg: „Der Niedergang des Dramas" (**Arbeitsblatt 17**, S. 96–97)

- *Erarbeiten Sie auf der Grundlage des Textes „Der Niedergang des Dramas" von Fritz Sternberg die Begründung für den Untergang des Dramas.*
- *Erläutern Sie auf der Grundlage Ihrer Ergebnisse, ob Gerhart Hauptmanns Schauspiel „Vor Sonnenuntergang" den Forderungen Sternbergs entspricht bzw. nicht entspricht.*

Facharbeiten (ohne Bearbeitung im Modell – Weiterführung Baustein 2)

- Hauptmanns Verhältnis zu Goethe unter besonderer Berücksichtigung des Dramas „Vor Sonnenuntergang"
- Hauptmanns Verhältnis zu Thomas Mann. Gründung der Dichterakademie und Verleihung des Nobelpreises an Thomas Mann
- Gerhart Hauptmanns Stilkonservatismus und Alexander Döblins Montagetechnik am Beispiel von „Vor Sonnenaufgang" bzw. „Berlin Alexanderplatz"
- Hauptmann und Goethe: Inken Peters und Ulrike von Levetzow – Ein Vergleich

Facharbeiten (in Anlehnung an das Modell – Bausteine 3 und 5)

- Vergleich der Dramen Hauptmanns „Vor Sonnenaufgang" und „Vor Sonnenuntergang" unter besonderer Berücksichtigung der dramatischen Konzeption
  Das Thema eignet sich dann besonders, wenn beide Dramen behandelt worden sind.
- Naturalistische Elemente in Gerhart Hauptmanns Schauspiel „Vor Sonnenuntergang"

Projektvorschlag

- Inszenierung des Dramas „Vor Sonnenuntergang" auf Basis der Konzeption Brechts

Konzeption des Unterrichtsmodells

Das vorliegende Unterrichtsmodell versucht mithilfe unterschiedlicher Verfahren, Schülerinnen und Schülern einen Zugang zum Drama „Vor Sonnenuntergang" zu vermitteln. Textanalytische Zugriffe spielen dabei in gleicher Weise eine Rolle wie handlungs- und produktionsorientierte Verfahren. Insbesondere wurde bei der Konzeption der Bausteine darauf geachtet, durch geeignete Aufgabenstellungen, Diskussionsanregungen etc. eine Beziehung zwischen dem Drameninhalt und der Lebenswirklichkeit der Jugendlichen herzustellen.

Baustein 1 vermittelt unterschiedliche Methoden zur Gestaltung eines Einstiegs in das Schauspiel. Sprachliche Hürden sind zum inhaltlichen Verständnis des Dramas nicht zu erwarten. Aus diesem Grund werden hier zunächst Methoden vorgestellt, die eine inhaltliche Kenntnis der Ganzschrift voraussetzen.
Für einen gemeinsamen Lesebeginn und damit für eine erste unmittelbare Auseinandersetzung mit dem Text ist eine Untersuchung der „ersten Seiten" des Werks, insbesondere der Schachparabel, vorgesehen.

Baustein 2 versucht, ein differenziertes Hintergrundwissen zum Drama zu vermitteln. Dabei geht es zunächst um Informationen über Leben und Werk Gerhart Hauptmanns. Anschließend sollen seine politische Grundeinstellung und seine Auffassung vom Dichtertum erarbeitet werden. Die enge Beziehung Hauptmanns zu Goethe und die Epoche der literarischen Moderne, in die das Werk zeitlich einzuordnen ist, sind weitere Aspekte dieses Bausteins.

In **Baustein 3** liegt der Schwerpunkt auf der Betrachtung der Dramenfiguren, die unter verschiedenen Aspekten genauer untersucht werden sollen: das eigene Selbstverständnis der Figuren und das Verhältnis der Figuren zu Matthias Clausen im Kontext einer humanistischen Bildung. Den Figuren und ihren Interaktionen kommt ein besonderer Stellenwert zu, da sich das eigentliche Kernthema des Dramas, die Frage nach der individuellen Lebensgestaltung und der Entscheidungsfreiheit des Einzelnen, in ihnen spiegelt. Die besondere Konstellation der Personen ergibt sich aus ihren Gesprächen untereinander und über andere Personen, sodass diese Beziehung der Figuren als Resultat ihrer Charakterisierungen diese Unterrichtssequenz beendet.

Baustein 4 beschäftigt sich mit dem für viele Werke Hauptmanns typischen Motiv des Selbstmordes. Dabei geht es vor allem um den Nachweis der Motivation des Suizids vom Beginn des Schauspiels bis zum Schlussakt.

In **Baustein 5** steht die Struktur des Dramas im Vordergrund. Es soll überprüft werden, inwieweit das Modell Gustav Freytags anzuwenden ist. In einer zweiten Sequenz werden Anklänge an das Drama „Vor Sonnenaufgang" und enthaltene Motive die literarische/dichterische Sichtweise auf das Drama „Vor Sonnenuntergang" erweitern. Sequenzen dieses Bausteins sind nur dann sinnvoll einzusetzen, wenn das naturalistische Drama „Vor Sonnenaufgang" den Schülerinnen und Schülern bekannt ist. In einem lernstarken und motivierten Kurs können zum Drama „Vor Sonnenaufgang" inhaltliche Schwerpunkte in Form eines Schülerreferats vergeben werden (s. dazu die Hinweise zum Referat, S. 14).

In **Baustein 6** geht es zunächst um das humanistische Bildungsideal Humboldts und Herders im Vergleich zu Hauptmanns Ansprüchen im Drama „Vor Sonnenuntergang". In einem zweiten Schritt wird im Rückgriff auf Hauptmanns Stilkonservatismus die Aktualität des Dramas und des Theaters hinterfragt. Thematischer Schwerpunkt ist hier die Theaterkonzeption Brechts.

Die thematischen Bausteine des Unterrichtsmodells

Baustein 1

Mögliche Einstiege

In diesem Baustein werden mögliche Einstiege in die Unterrichtsarbeit mit dem Drama vorgestellt. Ziel dieser Einstiege ist es nicht, bereits erste, abschließende Erkenntnisse zu gewinnen, sondern den Lernenden lediglich Anregungen zu liefern, ihnen Einblicke zu verschaffen und mögliche Interpretationsansätze und -richtungen anzudeuten und somit erste Analysepfade zu erschließen. Die vier nachfolgend ausgearbeiteten Einstiege können sowohl alternativ als auch ergänzend – aufeinander aufbauend – angewendet werden.
Das Erstellen einer „Lesehilfe" dient den Schülerinnen und Schülern als Anregung zum besseren Verstehen des Dramas.

■ *Fertigen Sie zu jeder Szene als Orientierungshilfe eine Mitschrift an. Notieren Sie dabei, was Ihnen an der Darstellung wichtig, bemerkenswert oder fragwürdig erscheint.*

Lesehilfe

Szene/Seite	Person(en)	Inhalt	Notizen

1.1 Erste Leseeindrücke

Im Anschluss an die Dramenlektüre werden die Schülerinnen und Schüler aufgefordert, ihre ersten Leseeindrücke stichwortartig oder in kurzen Sätzen aufzuschreiben. Sie sollen möglichst viele Eindrücke sammeln und diese konkret und detailliert formulieren.

> *Schreiben Sie Ihre ersten Eindrücke auf. Sammeln Sie möglichst viele und möglichst genaue Eindrücke.*

Das schriftliche Sammeln ist weniger spontan als ein mündliches Abfragen, hat aber den Vorteil, dass die Lernenden die Möglichkeit bekommen, unabhängig vom Urteil der anderen ihre eigenen, ganz persönlichen Eindrücke festzuhalten. Nachdem die Lernenden ausreichend Zeit hatten, ihre ersten Eindrücke zu notieren, werden einige davon exemplarisch vorgelesen und ggf. verkürzt notiert (Tafel/Folie). Dabei sollte auf positive und negative Eindrücke geachtet werden. Wurden genügend Eindrücke abgefragt, werden die Schülerinnen und Schüler aufgefordert zu erläutern, auf welchen Aspekt des Dramas sich die jeweiligen Eindrücke beziehen (Handlung, Thema, Figuren …). Hierbei geht es in erster Linie darum, ein möglichst genaues Beschreiben der Leseeindrücke einzufordern.

> *Ordnen Sie Ihre ersten Leseeindrücke möglichst vollständig folgenden Kriterien zu: Handlung, Figuren, Themen.*

Die Ergebnisse werden im Plenum vorgestellt und diskutiert. Anschließend werden die Schülerinnen und Schüler aufgefordert, eine Buchkritik zu schreiben.

> *Verfassen Sie eine kurze Buchkritik, in der die Eindrücke, die Ihnen wesentlich erscheinen, auftauchen.*

Die Bearbeitungszeit kann mit 15 Minuten eher knapp angesetzt werden. Die Schülerinnen und Schüler erhalten anschließend Gelegenheit, ihre Texte vorzulesen und gegenseitig zu kommentieren.

1.2 Das Gutachten

Der Einstieg über dieses Verfahren setzt voraus, dass die Schülerinnen und Schüler das Drama gelesen und evtl. auch eine „Lesehilfe" erstellt haben. Der Kurs wird mit der folgenden Situation konfrontiert: Die städtische Bühne stellt ihren neuen Spielplan auf. In diesem Zusammenhang taucht die Frage auf, ob das Drama als Schulklassiker in das Repertoire aufgenommen werden soll. Die Schülerinnen und Schüler des Deutschkurses, die eine wichtige Zielgruppe der städtischen Bühne sind, werden um ihre Meinung gebeten. Sie sollen diese in Form eines schriftlichen Gutachtens darstellen. Die Schülerinnen und Schüler bearbeiten diese Aufgabe selbstständig in Gruppen (vier Personen).

> *Legen Sie in einem Gruppengespräch fest, welche Gesichtspunkte ein solches Gutachten haben soll, in welcher Reihenfolge diese dargestellt werden und zu welcher Schlussbewertung sie kommen.*

Die Gruppe muss sich auf eine klare und gut begründete Stellungnahme einigen; dies ist nur mit überzeugenden Argumenten im Konsensverfahren möglich. Drei Optionen sind denkbar:
- *Vor Sonnenuntergang* ist von kulturellem Wert und – nur in dieser Hinsicht – für ein jugendliches Publikum von heute interessant.
- *Vor Sonnenuntergang* ist auch heute noch von großer Aktualität, auch für ein jugendliches Publikum.
- *Vor Sonnenuntergang* ist nur bedingt für ein heutiges Publikum geeignet – dies ist eine Frage der richtigen Inszenierung.

Die Gruppen teilen im Plenum ihre Gesichtspunkte sowie das vorgesehene Abschlussvotum in allgemeiner Form mit. Im Kursgespräch verständigt man sich auf die Aspekte, die in den Gutachten eine Rolle spielen sollen, um eine Vergleichbarkeit der Texte zu gewährleisten. Die Zahl der Aspekte sollte begrenzt werden, da das Gutachten ein kompakter, griffiger Text werden soll (ca. fünf Aspekte: Art der Beziehungskonflikte, Tod des Geheimrats, Sprache des Stücks, Verhalten der Familienmitglieder, Werteverfall …).
Der zweite Auftrag an die Gruppe lautet:

- *Verfassen Sie unter Berücksichtigung der ausgewählten Gesichtspunkte ein schriftliches Gutachten, in dem Sie eine abschließende Empfehlung zur Aufführung des Dramas „Vor Sonnenuntergang" oder eine Ablehnung aussprechen und begründen.*

Die fertigen Gutachten werden im Plenum vorgestellt und diskutiert. Aus diesen Texten sowie den vorgetragenen Bewertungen lassen sich für die weitere Beschäftigung mit dem Stück wichtige Bearbeitungskriterien ableiten.
Die Gutachten sollen plakatiert und nach Abschluss der Unterrichtsreihe noch einmal hinsichtlich ihrer Bedeutung kritisch überprüft werden.

1.3 Rollenbiografien

Diese Methode, in die Behandlung des Dramas einzusteigen, kann unmittelbar im Anschluss an 1.1 oder nach einem allgemeinen Erfahrungsaustausch über die Leseeindrücke anschließen. Bei einer Rollenbiografie versetzen sich die Schülerinnen und Schüler in eine oder mehrere der dramatischen Figuren und stellen sich einem imaginären Publikum vor. Die Arbeit kann dabei zunächst in Gruppen erfolgen. Die Lernenden wählen zwei oder drei der Figuren aus und bereiten einen mündlichen Vortrag mithilfe von Stichwörtern vor. Dabei können einige Leitfragen (**Arbeitsblatt 1**, S. 22) vorgegeben werden. Bei der Auswahl sollte darauf geachtet werden, dass nach Möglichkeit alle Figuren bearbeitet werden.
Dieses Verfahren gewährleistet zum einen eine differenzierte Auseinandersetzung mit dem Inhalt, zum anderen werden so ebenfalls erste Deutungsakzente gesetzt, die für den weiteren Verlauf der Unterrichtsreihe fruchtbar sein können.
Die Besprechung erfolgt, indem jeweils eine Schülerin oder ein Schüler vor die Klasse tritt und die Rollenbiografie vorträgt. Andere, die dieselbe Figur bearbeitet haben, treten anschließend hinzu und ergänzen entsprechend. Im weiteren Verlauf können die Rollenbiografien in einem zusammenhängenden Text (z. B. als Hausaufgabe) ausgearbeitet werden.

- *Verfassen Sie in einem zusammenhängenden Text eine möglichst detaillierte Rollenbiografie zu einer der dramatischen Figuren. Beziehen Sie dabei Ihre stichwortartigen Aufzeichnungen und die Ergänzungen Ihrer Mitschüler in die Darstellung mit ein.*

1.4 Die ersten Seiten (S. 9–35) – „Dieses Gespenst von einer Schachpartie"

Dieser Einstieg in die Behandlung des Dramas ist dann sinnvoll, wenn ein gemeinsamer Beginn vorgesehen ist und die Schülerinnen und Schüler das Drama evtl. noch nicht gelesen haben.

Baustein 1: Mögliche Einstiege

Das Gespräch zwischen Professor Geiger und Matthias Clausen im ersten Akt bietet sich als Einstieg in die Grundthematik deswegen an, weil es den Zugang zu der Sichtweise des Geheimrats auf seine Familie und auf seine Lebenseinstellung ermöglicht und zudem einen Einblick in seine Gedanken und seine Lebensperspektive gewährt.
Auch kann an dieser Stelle nach der Aktualität des Themas gefragt und auf diese Weise ein Gegenwartsbezug hergestellt werden.
Folgendes soll dabei erarbeitet werden:
Clausen hält Rückblick auf sein eigenes Leben, das er mit einem Schachspiel vergleicht. Spieler und Gegenspieler, vor allem aber seine Angst vor den Gegenspielern, die auf eine günstige Gelegenheit warten, ihn matt zu setzen (vgl. S. 33), bestimmen den Spielablauf. Ein Bruch mit seinem bisherigen Leben scheint für ihn die einzige Möglichkeit, glücklich weiterzuleben (vgl. S. 33); er möchte abdanken und sieht gleichzeitig voraus, dass seine Kinder auf seinen Tod warten, um das Erbe antreten zu können. Aus diesem Grund betont er entschieden: „[…] ich bin entschlossen, das Seil zu kappen, das mich an mein altes Schiff und an seinen alten Kurs gebunden hält" (S. 34).

■ *Welche Aussagen Clausens über sein eigenes Leben erscheinen Ihnen zentral?*

Die im Unterrichtsgespräch gesammelten Beiträge können von der Lehrkraft an der Tafel skizziert werden.

Wesentliche Aspekte

- okkultische Neigungen der Tochter Bettina
- Einsamkeit und Todessehnsucht nach dem Verlust seiner Ehefrau
- gespaltenes Verhältnis zu seinem Schwiegersohn Klamroth
- Schachpartie als Abbild seiner momentanen Lebenssituation
- Angst vor dem Verlust von Einfluss und Macht

Alternativ oder ergänzend kann zur Erarbeitung folgender Auftrag gestellt werden:

■ *Versetzen Sie sich in die Situation des Geheimrats und formulieren Sie einen Tagebucheintrag, in dem Sie die Gefühle und die Lebenssituation Clausens genau zu erfassen suchen.*

Wesentliche Elemente zum Verständnis des Dramas sind hier angelegt. In einem Gespräch kann die Frage nach möglichen thematischen Schwerpunkten im Drama gestellt werden.

■ *Wie stellen Sie sich die thematische Entwicklung des Dramas vor? Welche Aspekte werden Ihrer Meinung nach angesprochen und möglicherweise vertieft? Wie könnte das Drama enden?*

Rollenbiografien – Die Figuren stellen sich einem imaginären Publikum vor

Schauen Sie sich das Personenverzeichnis an. Erarbeiten Sie in Gruppen zu jeweils zwei von Ihnen ausgewählten Personen eine vorläufige Rollenbiografie (in Stichworten) und stellen Sie sich anschließend einem imaginären Publikum vor.

Folgende Fragen können Sie dabei berücksichtigen:
- Welchen Namen tragen Sie?
- In welcher Beziehung stehen Sie zu anderen Figuren?
- Welche Eigenschaften haben Sie nach eigener Wahrnehmung und wie werden Sie von anderen wahrgenommen?
- Was ist Ihre Vorgeschichte?
- Welche zentralen Ereignisse widerfahren Ihnen im Verlauf der Handlung?
- Gibt es eine wichtige Erkenntnis, die Sie dem Publikum mitteilen möchten?

Figur 1

_____

_____

_____

_____

_____

_____

Figur 2

_____

_____

_____

_____

_____

_____

Baustein 2

Hintergründe

In diesem Baustein geht es um das literarische Selbstverständnis Hauptmanns, das nicht losgelöst von seiner politischen Einstellung und Sichtweise verstanden werden kann. Diese Thematik bildet auch den Ausgangspunkt der Erarbeitung. Hauptmanns politische Grundeinstellung war geprägt von einem eigenen Nationalbewusstsein, das für ihn letztlich in der literarischen Klassik wurzelte. Es wird sich zeigen, dass Hauptmann eine ideale, der kulturellen humanistischen Tradition verpflichtende Zusammengehörigkeit Deutschlands vorschwebte. Dass ihm dazu der aufkommende Nationalsozialismus auch ein Gedankengut bereitstellte, das er – allzu unpolitisch – adaptierte, warfen ihm seine Dichter- und Literaturkollegen vor. Im Einzelnen werden folgende Etappen dichterischen/literarischen Schaffens betrachtet:
- Grundeinstellung Hauptmanns als Basis für sein dichterisches Schaffen
- Gründung der Dichterakademie – Hauptmanns Aktivität als freier Schriftsteller
- Hauptmann und Goethe

Dort, wo es möglich ist, wird auf autobiografisches Material als Grundlage für die Erarbeitung zurückgegriffen. Der Text „Gerhart Hauptmann" (**Zusatzmaterial 1,** S. 102) bietet einen Überblick über Hauptmanns Leben und Schaffen. Vor diesem Hintergrund soll ein sachbezogener Zugang zum Drama „Vor Sonnenuntergang" ermöglicht werden.

2.1 Grundeinstellung Gerhart Hauptmanns als Basis für sein dichterisches Schaffen

Hauptmanns Eintreten für die deutsche Nation zwischen 1918 und 1924 basierte auf seinem Patriotismus, jedoch nicht so sehr auf einer überzeugt republikanischen Einstellung. Als 1920/21 die Territorialregelungen, die der Versailler Vertrag für das Deutsche Reich vorgesehen hatte, getroffen wurden, nahm Hauptmann als Schlesier großen Anteil an dem Schicksal Oberschlesiens, das an Polen fallen sollte. Im Juli 1921 hielt Hauptmann eine Rede „Für ein deutsches Oberschlesien", in der er an die Alliierten appellierte, dem Abstimmungsergebnis vom 20.3.1921, das ergab, dass 60 Prozent der Bevölkerung für den Verbleib Oberschlesiens bei Deutschland votierten, zuzustimmen. Diese Anteilnahme am Schicksal der Grenzlanddeutschen galt als Schlüsselmotiv seines Nationalgefühls während der Weimarer Zeit und machte ihn später für die völkische und nationalsozialistische Propaganda empfänglich. In den Reden dieser Zeit beschwor Hauptmann angesichts der territorialen und politisch-sozialen Zerrissenheit Deutschlands die nationale Identität durch Besinnung auf die kulturelle Tradition des Volkstums. In der Rede „Deutsche Wiedergeburt" (1921) versuchte Hauptmann, ein neues Nationalbewusstsein zu wecken. Er beklagte, dass der Idealismus von 1914 „gänzlich ausgeschaltet, systematisch vernichtet wurde"[1]. Schließlich setzte er sich damit für eine erneute Vergötzung des nationalen Ideals, eines überhöhten Nationalgefühls, nicht aber für eine Konsolidierung eines republikanischen Staatsbürgertums ein. Durch den Zusammenbruch der alten Wertvorstellungen in der Kriegs- und Nachkriegs-

---
[1] Hauptmann, 1996, Bd. VI, S. 729f.

zeit war Nationalismus allerdings der eigentliche Glaube, die einzige Religion großer Volksteile in jedem Lande. Daran wollte Hauptmann anknüpfen.

Er hielt „in Verkennung der politischen Möglichkeiten an der Idee eines inneren Deutschland fest, das gleichsam unzerstörbar unter dem zeitgeschichtlichen Wandel tief verborgen ruhte"[1].

Immer wieder betonte Hauptmann, angesichts der territorialen und politisch-sozialen Zerrissenheit Deutschlands die nationale Identität durch Besinnung auf die kulturelle Tradition des Volkstums zu beschwören. In dieser Forderung nach „tiefster völkischer Selbstbesinnung spielte der Begriff des Volkes die Rolle einer Idee, die geschichtlich gleichsam unbelastet, einen organischen Grund für mögliche politische Formen barg"[2].

Der Text „Hauptmanns nationales Bewusstsein" (**Arbeitsblatt 2**, S. 31) gibt Aufschluss über seine Auffassung von einem nationalen Bewusstsein.

Das Ansehen der deutschen Republik litt von Anfang an darunter, dass sie in einer Stunde der nationalen Erniedrigung geboren worden war. So schuf sich das nationale Empfinden in Deutschland einen Ersatz für die verlorene Staatsherrlichkeit, indem es umso mehr an der erhalten gebliebenen Volkssubstanz diesseits und jenseits der Grenzen festhielt. Auch bei Hauptmann findet sich eine solche Umorientierung seines Nationalgefühls – allerdings weit entfernt von dem politischen Sektierertum der Deutsch-Völkischen.

„Deutsche Wiedergeburt" bedeutet für Hauptmann ein eindeutiges Bekenntnis zum Dichterfürsten Goethe. Das von Hauptmann vertretene Deutschtum meint die Durchdringung des Einzelnen mit dem Geist der literarischen Klassik.

- *Fassen Sie den Inhalt des Textes (Arbeitsblatt 2) zusammen.*
- *Wie stellt sich Hauptmann die „Deutsche Wiedergeburt" vor? Was ist sein Verständnis von „nationalem Bewusstsein"?*

Die Ergebnisse lassen sich folgendermaßen sichern:

Hauptmanns Nationalbewusstsein

- Nationalbewusstsein als neue Phase der Verinnerlichung
- Ausschaltung des Nationalismus (1914) fordert Erneuerung des nationalen Ideals
- Wiedergeburt im Sinne literarischer Erneuerung auf der Grundlage klassischer Literatur, bes. Goethe

→ **Schaffen eines nationalen Ideals auf der Grundlage einer wiederbelebten deutschen „Geistigkeit"**

Für Hauptmann stand das klassische Humanitätsideal im Vordergrund. Aus diesem Grund erklärt sich, dass er ebenso wenig ein politischer Dichter sein wollte wie ein Staatsmann. Vor seinem 60. Geburtstag – so lauteten die Spekulationen – habe sich Hauptmann um das Präsidentenamt beworben. In diesem Zusammenhang ist der Artikel „Dementi der Präsidentschaftskandidatur" (**Zusatzmaterial 2**, S. 103) deshalb aufschlussreich, weil bereits hier Hauptmanns aufrichtige Absage an eine politisch ausgerichtete Dichtung formuliert wird. Als Hauptmann 1922 seinen 60. Geburtstag feierte, wurde ihm ein Höchstmaß an Ehrung zuteil.

---

[1] von Brescius, 1977, S. 128
[2] von Brescius, 1977, S. 126

In einem Aufruf des Reichspräsidenten zur Nationalfeier des Jubiläums Hauptmanns heißt es: „Mit einer Ehrung Gerhart Hauptmanns ehrt das deutsche Volk sich selbst"[1]. Hauptmann war ein Politikum geworden. Der Reichspräsident hielt anlässlich der Feierlichkeiten zum Geburtstag des Dichters die Eröffnungsrede in Breslau. Hauptmann übernahm die ihm zugedachte Repräsentationsrolle mit zwiespältigen Gefühlen. Einerseits empfand er Genugtuung über die überfällige staatliche Ehrung, andererseits hatte er Bedenken, der ihm zugedachte Ehrenplatz könne Ansprüche des Staates und der Öffentlichkeit mit sich bringen, die seiner Auffassung vom unpolitischen Dichtertum zuwiderliefen.

Im Kaiserreich war Hauptmann offenbar „neuer Staat im alten Staat als Kunst"[2] gewesen; in der naturalistischen Epoche zählte er zur künstlerischen Avantgarde. Sein Drama „Vor Sonnenuntergang" war spektakulär. Als Dichter von „Die Weber" und anderer sozialkritischer Stücke war er ausreichend legitimiert, „Symbolfigur der jungen Republik zu sein [...] Mit seinem poetischen Klassizismus kam Hauptmann dem kulturellen Konservatismus des Bürgertums entgegen und half das kulturelle Vakuum füllen, das durch den geschichtlichen Umbruch 1918 und den Verfall traditioneller Werte entstanden war"[3].

Hauptmann beanspruchte für sich, ein Dichter zu sein, der auf politischen Inhalt verzichtete. Seine Einstellung zur eigenen literarischen Tätigkeit, seine Ablehnung, politisch zu dichten, aber auch Erwartungen anderer Schriftsteller an Hauptmanns literarische Inhalte vermitteln kurze Texte unter dem Titel „Hauptmanns literarische Tätigkeit: Ein Zwiespalt" **(Arbeitsblatt 3**, S. 32/33).

Folgende Arbeitsaufträge sind denkbar:

> ■ *Lesen Sie den Abschnitt aus dem Nachlass vom 29.11.1922 (Arbeitsblatt 3). Welche Bedeutung misst Hauptmann seinem dichterischen Schaffen bei? Welche Bedenken hat er hinsichtlich seiner Ehrung?*

Hauptmanns Anspruch als Dichter

- Bezug zum eigenen Erfolg als naturalistischer Dichter (alter Staat)
- sein dichterisches Werk wird Nationalbesitz (neuer Staat)

→ **alter Staat vs. neuer Staat
inhaltliche und künstlerische Bestätigung seiner Dichtung**

> ■ *Ermitteln Sie auf der Grundlage der Textabdrucke zu „Hauptmanns literarische Tätigkeit" (Arbeitsblatt 3) das literarische Selbstverständnis des Dichters.*

Hauptmann begrüßte die Erhebung seines Werkes zum Nationalbesitz, sah aber dennoch eine klare Trennung zur individuellen literarischen Tätigkeit.
Die Ergebnisse können in folgendem Tafelbild zusammengefasst werden:

---

[1] „Gerhart Hauptmanns 60. Geburtstag – ein Nationalfest". In: Berliner Tageblatt vom 11.9.1921. (Abdruck bei von Brescius, 1977, S. 133)
[2] von Brescius, 1977, S. 134
[3] von Brescius, 1977, S. 134

Baustein 2: Hintergründe

> **Hauptmanns literarisches Selbstverständnis**
>
> Er ...
> - vertritt einen kulturellen Konservatismus
> - will nur „Werkzeug" sein, ohne Verantwortung
> - ist kein politischer Dichter
>
> ➔ **kunsttheoretischer Subjektivismus**

Sein Stilkonservatismus bewirkte seine geringe Aufgeschlossenheit für die literarische Moderne. Grund dafür war seine innere Bezuglosigkeit zum kulturellen Leben der Nachkriegszeit. Augenfällig ist seine immer wiederkehrende Betonung des deutschen Idealismus, der „in Zeiten der Not [...] stets mit verzehnfachter Kraft in Erscheinung getreten"[1] ist.
Dementsprechend galt für ihn als dekadente Literatur u. a. die Literatur Bertolt Brechts. Der Text „Hauptmanns Kritik am literarischen Schaffen der 20er-Jahre" (**Arbeitsblatt 4**, S. 34) gibt Informationen zu dessen Einstellung zum literarischen Schaffen seiner Zeit.
Seine poetische Maxime war es, „ein möglichst phrasenloses, ein möglichst erlebtes Werk zurückzulassen"[2].
Hauptmann hatte bis in die Nachkriegszeit eine ungebrochene Geltung im Berliner Theaterleben, die nicht zuletzt auf dem Bühnenkonservatismus Max Reinhardts beruhte, der der modernen Dramatik nur zögernd Interesse entgegenbrachte. Hauptmann stand der radikalen Veränderung der öffentlichen Kommunikation, dem beginnenden Siegeszug der Massenmedien Presse, Rundfunk und Kino skeptisch gegenüber.
Seine „Einwände gegen die rasant expandierende Publizistik der 20er-Jahre – insbesondere die Illusionswelt der Magazine – erscheinen wie eine Antizipation der Gegenwartskritik an der manipulativen Bewusstseins-Industrie"[3].
Das Verlangen, der technischen Zivilisation des 20. Jahrhunderts zu entfliehen, führte auch bei Hauptmann zu kulturreaktionären Abwehrhaltungen. Er trat für eine radikale Rückbildung der Öffentlichkeitssphäre ein. So war er anfällig für die Parolen einer Kulturdekadenz.

■ *Beschreiben Sie auf der Grundlage der Textauszüge (Arbeitsblatt 4) Hauptmanns Einstellung zu Modernisierungen auf kulturellem Gebiet.*

> **Kritik am kulturellen Leben der 20er-Jahre**
>
> - Literatur ist geistiger Giftstoff (z. B. Brecht)
> - ablehnende Haltung gegenüber der künstlerischen Moderne
> - gegen Überfremdung der deutschen Kultur
> - gegen radikale Veränderungen der öffentlichen Kommunikation (Massenmedien)
>
> ➔ **grundsätzliche Abneigung gegen Modernisierungen auf kulturellem Gebiet, konservative Haltung**

---

[1] Hauptmann, 1996, Bd. XI, S. 1006
[2] Hauptmann, 1996, Bd. VI, S. 699
[3] von Brescius, 1977, S. 144

2.2 Gründung der Dichterakademie

Öffentliche Kritik zog Hauptmann aufgrund seines unpolitischen Wirkens auch als Dichter und Schriftsteller auf sich. Besonders Thomas Mann, zu dem Hauptmann keine ungetrübte Beziehung hatte, betrachtete ihn überaus kritisch. Er warf Hauptmann vor, nichts Wichtiges und Bedeutsames zu sagen (vgl. Oberschlesien-Rede[1] vom 4.10.1922).
Die politische Lage am Ende der 20er-Jahre in Deutschland forderte jedoch den Einsatz von Vernunft und Verstand, der sich vor allem auch in der Literatur dieser Zeit zeigen sollte. Im Umkreis dieser politischen und kulturellen Veränderungen spürte Hauptmann, dass „seine Form der Repräsentanz unzulänglich geworden war […]. Geistige Repräsentanz ohne geistige Autorität im Staatsgefüge war eine nutzlose und beschämende Sache."[2]
Während sich in der zweiten Hälfte der 20er-Jahre die Neue Sachlichkeit durchsetzte und eine stärkere Gegenwartsbezogenheit der Kunst eröffnete, setzte bei Hauptmann eine „Rückwendung"[3] ein. Hauptmann kehrte sich nicht der Zeitsituation zu, sondern seinem zurückliegenden Leben, um es in zahlreichen Prosawerken mehr oder weniger autobiografisch verhüllt aufzuarbeiten.
Das Vorhaben, sich mit den durch den Krieg verursachten Umwälzungen auseinanderzusetzen, blieb als Versuch unvollendet. Ein episches Gegenwartspanorama war nur mit neuen Kompositionstechniken vorstellbar, die für Hauptmann nicht infrage kamen. Hauptmanns politisch-soziale Bezuglosigkeit bestärkte seinen literarischen Eskapismus. Diese Bezuglosigkeit hielt ihn schließlich davon ab, (politische) Gegenwartsthemen aufzugreifen.
Seinen Standpunkt als Dichter und sein dichterisches Selbstverständnis vertrat Hauptmann eindeutig gegenüber der Sektion für Dichtkunst. Informationen dazu liefert das Material „Hauptmann und die Dichterakademie" (**Arbeitsblatt 5**, S. 35/36).
Im Jahre 1919 begrüßte er die Idee von Richard Strauss, ein „Künstlerparlament"[4] zu schaffen, das weitreichende Befugnisse in der Beratung der kulturellen Gesetzgebung haben sollte. Offenbar sah Hauptmann für sich hier ein angemessenes Betätigungsfeld. Er selbst und Thomas Mann sollten als Gründungsmitglieder berufen werden. Den Eintritt in die Sektion als Gründungsmitglied lehnte er jedoch überraschend ab. Die Gründe dafür mögen vielfältig gewesen sein:
- Bescheidenheitstopos; s. auch seine Rede „Deutsche Wiedergeburt" (1921), in der er seine Schwäche als Schriftsteller zugegeben hatte. Zudem hegte er die Befürchtung, auf politischem Gebiet als Schriftsteller zu scheitern.
- Sorge um persönliche Freiheit
- Streitigkeiten mit seinem Erzfeind Arno Holz
- Frage nach der Präsentation der unterschiedlichen literarischen Strömungen innerhalb der Sektion

Hauptmann hätte keine Freude an der Mitarbeit in einem Gremium gehabt, dem kulturpolitische Funktionen zugedacht waren.
Weil die Dichterakademie durch seine Ablehnung einen schweren Prestigeverlust erlitt, versuchte Thomas Mann, Hauptmann zum Eintritt zu bewegen – mit Erfolg. Der Zeitpunkt jedoch, der Akademie die notwendige Autorität zu verschaffen, war bereits verstrichen.
Als 1933 Hauptmanns Kollegen zum Austritt aus der Akademie gezwungen wurden, trat er mit ihnen aus.
Nach erneuter Werbung trat er schließlich der Akademie wieder bei, ohne jedoch wirklich aktiv zu sein. Seine Inaktivität wurde begünstigt durch die Entrüstung über Mitglieder wie z. B. Alfred Döblin und Thomas Mann.

---
[1] In: Hauptmann, 1996, S. 763 f.
[2] de Mendelssohn, 1972, S. 221 ff.
[3] de Mendelssohn, 1970, S. 1074
[4] von Brescius, 1977, S. 152

Baustein 2: Hintergründe

■ *Warum lehnt Hauptmann seinen Beitritt in die Akademie zunächst ab? Welches sind seine Gründe, schließlich beizutreten?*

Die Ergebnisse lassen sich folgendermaßen sichern:

Hauptmann und die Dichterakademie

Gründe für die Ablehnung	Gründe für den Wiedereintritt
• Dichterkollegium vs. Politik	• Beitritt aufgrund freundschaftlicher Beziehung zu Mitgliedern
• Ablehnung einer Führerstellung im Kreis der freien Dichter	
↓	↓
Anspruch: nur Wirkung auf den Menschen im Sinne der Humanität	**Beitritt aus Pflichtgefühl, nicht aus innerer Überzeugung**

2.3 Hauptmann und Goethe

Das Jahr 1932 eignet sich für einen Vergleich des Dichterfürsten Hauptmann mit Goethe. Im März wurde Goethes hundertstem Todestag gedacht, im November Hauptmanns siebzigster Geburtstag gefeiert. In Amerika hielt Hauptmann seine Goethe-Rede, in Deutschland erhielt er die Berliner Goethemedaille und in Frankfurt den Goethepreis.
Zu fragen bleibt, ob Hauptmann die Goethe-Nachfolge tatsächlich im Sinne Goethes antrat. Folgende Aspekte sollen hier bearbeitet werden:
- äußere Parallelen im Werk
- Hauptmanns Goethe-Imitation
- theoretische Auseinandersetzung Hauptmanns mit Werk und Gestalt Goethes

In den Jahren seiner großen öffentlichen Geltung, in der Epoche der Weimarer Republik, orientierte sich Hauptmann – und das war von den Zeitgenossen nicht unbemerkt geblieben – am Vorbild Goethe. Hauptmann musste sich aus diesem Grund zahlreiche Vorwürfe gefallen lassen. Bemerkenswert ist, dass sich von Hauptmann das Bild des um Goethe-Ähnlichkeit bemühten Dichterfürsten bewahrt hat, nicht jedoch das Bild eines jungen Mannes, von dem die heute noch gespielten Bühnenwerke stammen. Offenbar klaffen hier Werkbedeutung und erhaltenes Dichter-Ansehen auseinander. In Erinnerung bleibt bei dem Gedanken an Hauptmann das Bild des älteren Dichters, nicht jedoch das des jungen, obgleich er als junger Dichter mit seinem Drama „Vor Sonnenaufgang" höchste Geltung erreichte.
Zu Beginn der Weimarer Republik war er der international bekannteste deutsche Dichter. 1905 erhielt er den Ehrendoktortitel in Oxford, 1912 empfing er den Nobelpreis für Literatur. Seine Werke waren in fast alle Literatursprachen übersetzt.
Er galt gleichsam als Dichter des Mitleids; er hatte proletarische und kleinbürgerliche Schicksale inszeniert und war ein Gegner des Kaiserreichs gewesen; er hatte nach dem Zusammenbruch der Monarchie in zahlreichen Reden für die Einheit der Deutschen und die noch umstrittene republikanische Staatsform geworben.
Die Republik ihrerseits förderte Hauptmanns Ansehen. Reichspräsident Ebert wusste, welche

Autorität „ein international angesehener Dichter genoss. Dass er den Dichter und nicht den (politisch reflektierteren) ‚Schriftsteller' Thomas Mann zum Repräsentanten wählte, lag wohl in der damals typisch deutschen Geringschätzung des Schriftstellers gegenüber der Hochachtung vor dem Dichter begründet. Mit dem Begriff des Dichters verband sich die Vorstellung vom göttlich inspirierten Mittler [...]. So verstand der ältere Hauptmann sich auch selbst [...]. Die Republik brauchte einen Repräsentanten, eine Persönlichkeit, die zugleich vom Bürgertum verinnerte Traditionen aus der Kaiserzeit fortführte"[1].

Zu den Hauptmann-Feiern im Jahr 1932 veröffentlichte die Zeitung „Simplicissimus" ein Spottgedicht, das das Bedürfnis der Gesellschaft nach unreflektierter Größe darstellt (**Arbeitsblatt 6**, S. 37). Wurden die Stücke des jungen Dichters, etwa „Vor Sonnenaufgang", verrissen und der Dichter scharf angegriffen, sogar als „Schwein" (V. 20) bezeichnet, wird er nun als „Dichterfürst" (V. 27) verehrt. „Dem allergrößten Dichterfürsten" (V. 27) rufen sie nun ihr „Halleluja" (V. 26) zu. Das **Zusatzmaterial 3**, S. 104 „Hauptmann als Dichter-König" zeigt unterschiedliche bildliche Darstellungen Thomas Manns, Goethes und Hauptmanns.
Die Schülerinnen und Schüler erhalten folgenden Arbeitsauftrag:

■ *Lesen Sie das Spottgedicht von Karl Kinndt. Welche Reaktion auf die Person Hauptmanns wird deutlich?*

„Hauptmann als ‚Goethe der Gegenwart', als Dichter-König in der Weimarer Republik verbreitete eine Aura des Majestätisch-Verehrungswürdigen, die dem Dichter eine Stellung verschaffte, wie sie kein Politiker der Republik je erreicht hat."[2] Das Jahr 1932 brachte den konkreten Anlass, Hauptmann mit Goethe zu vergleichen.

Hauptmann kam dieser gesellschaftlichen Verherrlichung gern nach, zumal sie ihm eine einzigartige Stellung als Dichter in der Republik verschaffte.

Viele Werke Hauptmanns zeigen sprachliche Entlehnungen aus Goethes Werken. Das Schauspiel „Vor Sonnenuntergang" weist in Handlungsführung und Personal deutliche Parallelen zu der späten Werbung Goethes um Ulrike von Levetzow auf. Die Kinder des Geheimrates Clausen tragen Namen, die an Goethes Wahlverwandtschaften erinnern. Inken Peters erregt die Zuneigung Clausens beim Brotschneiden inmitten eines Kreises von Kindern wie Lotte die Werthers. An dieser Stelle kann auf das Referat zu Goethes Briefroman zurückgegriffen werden.

Er selbst hat sein Bildnis nach dem Goethes stilisiert, wobei die Annäherung an Goethe weniger in weltanschaulicher Übereinstimmung, sondern wohl eher im Bereich der Präsentation lag. Er trat stets inmitten seines Gefolges auf und führte eine fürstliche Lebenshaltung. Hinzu kommt die Stilisierung im Auftreten, in Aussehen und Gebärde. Hauptmann trug wie Goethe gravitätische Kleidung und diktierte seine Dichtungen. Die Ähnlichkeit mit der Physiognomie Goethes ist augenfällig. Einen Vergleich dazu bieten die Abbildungen unter dem Titel „Hauptmann und Goethe" (**Zusatzmaterial 4**, S. 105).

Inhaltlich gibt es eher Abweichungen von der Denkweise Goethes. Mit Goethe teilte er die Ablehnung aller dogmatisch-rationalistischen System-Philosophie. Sein eigenes Naturbekenntnis wies eher mystische Züge auf. Magie gilt bei Hauptmann als eine Macht, die Bezirke erschließt, die dem rational-methodischen Forschen unerreichbar sind.[3]

Das, was Hauptmann an Goethe schätzte, war dessen Bezug zur Humanität und Menschlichkeit, zu dem einzelnen Menschen. Ein Auszug aus Hauptmanns Goethe-Rede (**Arbeitsblatt 7**, S. 38) bezeugt seine tiefe Bewunderung für den großen Dichter (s. dazu auch Baustein 6).

Zur Bearbeitung erhalten die Schülerinnen und Schüler folgenden Auftrag:

---
[1] Grimm, 1977, S. 211
[2] Grimm, 1977, S. 212
[3] s. dazu Hauptmann, 1996, Bd. VI, S. 847

Baustein 2: Hintergründe

 ▪ *Fassen Sie den Inhalt der Rede zusammen. Diskutieren Sie, inwiefern die Ansichten Hauptmanns heute noch relevant sind.*

 Die Ergebnissicherung erfolgt an der Tafel:

Hauptmanns Humanitätsideal

- Humanität und Menschenachtung sind Triebfedern für Gewaltlosigkeit.
- Fortschritte der Menschheit geschehen durch die Achtung des Einzelnen.
- Materialisierung und Mechanisierung sind nicht oberstes Handlungsziel.

Zweck des Handelns muss der einzelne Mensch sein.

Ein weiterer Auszug aus der Goethe-Rede Hauptmanns findet sich im Anhang (**Zusatzmaterial 5**, S. 106). Dieser Text, der die tiefe Verehrung Hauptmanns für Goethe dokumentiert, dient als Ergänzung und Vertiefung. Er kann in Form eines Schülerreferates bearbeitet werden. Folgender Auftrag wird vorgeschlagen:

▪ *Fassen Sie den Inhalt des Textes stichwortartig zusammen. Welche Besonderheiten hebt Hauptmann an der Dichterpersönlichkeit Goethe und dessen Dichtung hervor?*

Herausgearbeitet werden sollte, dass Hauptmann neben den Dichterwerken als Ausdruck des prometheischen Gestaltungswillens an Goethe den didaktischen, belehrenden Trieb betont. Damit spricht Hauptmann die Funktion des Dichters im Volk an. Wer so kämpft und weise handelt wie Goethe – so Hauptmann –, sei berufen zum geistigen Führer.
Die Ergebnisse lassen sich in folgendem Tafelbild sichern:

Hauptmanns Goethe-Bild

- Goethes beste Dichtungen stammen aus dem Irrationalen.
- Goethes Persönlichkeit überwindet das rein Rationale.
- Goethe ist aufgrund seiner humanistischen und pazifistischen Lehre zum Erzieher des Volkes berufen.

Hauptmanns nationales Bewusstsein

Deutsche Wiedergeburt
Rede vom 11.11.1921
[Auszug]

Wir sind und bleiben als Volk, in der Gemeinschaft unserer Sprache, Art und Gesittung, so stark, widerstandskräftig und groß, wie wir nur jemals gewesen sind. Aber die neue Phase, die Phase der Verinnerlichung, stellt an unser Deutschtum eine weit höhere Anforderung als die wilhelminische Phase. Diese rechnete noch durchaus mit dem beschränkten Untertanenverstand. Ob für die Zeit oder Dauer, im Augenblick ist nur, ganz auf sich selbst gestellt, der Civis Germanicus übriggeblieben. Der nackte, auf sich selbst gestellte, sei es für Zeit oder Dauer mündig gemachte Deutsche trägt heute die Verantwortung, die man ihm 1914 ganz gewiss nicht zuschreiben konnte. Was damals beschlossen, ausgeführt und gründlich verfehlt wurde, geschah ohne ihn. Aufgerufen und zu ungeheurem, tätigem, aufopferungsfähigem Idealismus hingerissen, war doch dafür gesorgt, dass er letzten Endes gezwungen, gebunden und automatisch handeln musste. Sein Idealismus wurde nicht höher gewertet als eine durch den Generalstab, und zwar lange nicht genug ausgenützte Äußerlichkeit, die übrigens nach und nach, zum Schaden der Machthaber, gänzlich ausgeschaltet, systematisch vernichtet wurde. Heute nun, bis auf weiteres, haben wir nur mehr das nationale Ideal. Der Deutsche sieht über sich im Augenblick keinen anderen als Gottes Thron. Und deshalb muss dieses nationale Ideal auf neue, freie und tiefere Weise gepflegt werden.

[...]

Wenn nach allem Erlebten der Kern des deutschen Wesens unversehrt geblieben ist: der europäische Militarismus und seine Vertreter haben gewiss kein Verdienst daran. Unbeachtet und still hat während seiner Herrschaft in dem geheiligten Raume zu Weimar, Goethes Arbeits- und Sterbegemach, der Teller mit Erde gewartet, den man sich gern als ein Symbol deutschen Wesens vorstellen wird. Erde hat der trotz allem olympische Greis und Mann wenige Tage, vielleicht wenige Stunden vor seinem Tode nachdenkend geprüft, jene Erde, aus der er geboren und in die er hinabsteigen sollte. Erde ist es, Muttererde, aus der wir genommen sind, zu Erde, zu Muttererde sollen wir wieder werden. [...] Dies Wort, im Sinne einer Muttererde der Seele und des Geistes verstanden, möchte ich jedem heutigen Deutschen zurufen. Damit ist auf die Wiedergeburt des deutschen Wesens, die Wiedergeburt im deutschen Wesen hingewiesen.

Und da wir nun einmal den Namen eines Erlauchten, den Namen Goethe, einmal genannt haben und gerade in ihm die umfassendste und herrlichste Inkarnation[1] deutschen Wesens wunderbar Ereignis geworden ist, wird man sich gern dieses Wesen an ihm verdeutlichen. Dies hohe Beispiel wird uns auch lehren, wie weit das Gebiet des deutschen Wesens ist und, wenn auch vom festen Standort aus, wie allseitig über politische Grenzen hinausreichend. [...]

Im Bekenntnis zu Goethe liegt unter anderem zugleich die Absage gegen den Missbrauch des Wortes „deutsch". Entweder man ist deutsch, oder man ist es nicht. Und jemand, der es nicht ist, wird es nicht dadurch, dass er die Worte national und deutsch immerwährend im Munde führt. Wer aber deutsch ist, bleibt es, auch wenn er ohne Zunge geboren sein sollte. So war Goethe deutsch. Freilich dass er eher mit tausend Zungen als ohne Zunge geboren war. [...]

Und deutsches Wesen heißt nichts anderes als deutsche Geistigkeit. [...] Darum heißt es, alle Hinweise Goethes, Wielands, Herders [...] benutzen [...].

Gerhart Hauptmann: Sämtliche Werke, hrsg. von Hans-Egon Hass © 1996 Propyläen Verlag in der Ullstein Buchverlage GmbH, Berlin

---

[1] Inkarnation: Wiedergeburt, Entstehung

- *Fassen Sie den Inhalt des Textes zusammen.*
- *Wie stellt sich Hauptmann die „Deutsche Wiedergeburt" vor? Was ist sein Verständnis von „nationalem Bewusstsein"?*

Hauptmanns literarische Tätigkeit: Ein Zwiespalt

Die (staatlichen) Ehrungen zu seinem 60. Geburtstag erzeugten in Hauptmann eher Unbehagen und einen inneren Zwiespalt. Nach der Feierlichkeit schreibt er seine Meditationen nieder:

(29.11.1922)
Eine solche Lawine kann leicht verschütten. Ich tauche auf.
Das Werk meines Sinnens hat sich nach Breite und Tiefe wiederum mit dem Volkstum zu vermählen angefangen, dem es entstieg. Dieser Vorgang hat etwas Krisenhaftes […]. Der alte Staat, der Krieg, der neue Staat. Ich war der neue Staat im alten Staat als Kunst. Der neue Staat verbindet sich unter ganz bestimmten, gleichsam chemischen Erscheinungen mit dem Wahlverwandten, das ihm zugehört. Er beansprucht und nimmt mein Werk, das er, bisher eine Beiläufigkeit, zum Staatsbesitz, zum Nationalbesitz erhebt. *Nachlass-Nr. 234, S. 61 f.*

Es *(mein Werk)* wird hierdurch mir einigermaßen entrückt. Allein, so darf ich selbst es nicht ansehen. Vielmehr sondert sich das äußerlich Existierende, Übergroße, dem Staate und seinen Bürgern Gehörige von seiner Idee, deren Abbild es ist und die in mir geblieben, in mir verschlossen ist. Anders darf es nicht sein, wenn ich aus dem gleichen Urgrunde wie bisher weiterwirken will. Überhaupt muss ich nur ganz Werkzeug bleiben und bleibe es, gleichviel, wie ich selbst mein Werk einschätze, gleichviel, welchen Wert es wirklich besitzt. *Nachlass-Nr. 234, S. 62*

Aus: Hans von Brescius: Gerhart Hauptmann. Zeitgeschehen und Bewusstsein in unbekannten Selbstzeugnissen. Eine politisch-biographische Studie. Bonn 1977, S. 134

Thomas Mann beschwört Hauptmann in seiner Geburtstagsschrift für den Dichter, politisches Selbstverständnis zu entwickeln:

Das unmittelbare Ansehen des Schriftstellers steigt im republikanischen Staat, seine unmittelbare Verantwortlichkeit gleichermaßen, – ganz einerlei, ob er persönlich dies je zu den Wünschbarkeiten zählte oder nicht."

Aus: Thomas Mann: Von deutscher Republik. Werke. Bd. XI, S. 813

In einem offenen Brief an Gerhart Hauptmann schreibt Max Krell 1922:

„Im Chor Ihrer Gratulanten haben die Stimmen der Jugend gefehlt ... die neue Jugend will den verantwortlichen Geist, den Sie verweigern".

Max Krell: Offener Brief an Gerhart Hauptmann. In: Der Zwiebelfisch Jg. 14, Nov. 1922, Heft 6/9, S. 5f.

Hauptmanns literarische Tätigkeit: Ein Zwiespalt

Ein Auszug aus einem öffentlichen Brief gibt Aufschluss über Hauptmanns Vorstellungen einer regen geistigen Tätigkeit in Deutschland nach Kriegsende. Der literarische Optimismus des Dichters ist Ausdruck seiner festen Überzeugung von einem durch klassische Werte geprägten Deutschland.

Ungebrochener Deutscher Idealismus [Auszug]

VIII.

Was für ein geistiges Deutschland hat nun also der Krieg zurückgelassen? Keinesfalls ein solches, das degeneriert. Trotz mannigfacher Erschwerungen und kindischer Auslandsabotage haben unsre großen Forscher unentwegt ihre Arbeit aufgenommen. Die deutsche Jugend strömt in die Universitäten, um unter den schwersten Entbehrungen einem Studium obzuliegen, das weniger als je ihre Zukunft sichern kann. Es werden da von jungen Leuten um idealistischer Ziele willen moralische Heldenkämpfe ausgekämpft. Dies Wort ist durchaus nicht zu hoch gegriffen, wenn man bedenkt, dass in überwiegenden Fällen Darben, ja Hungern, in vielen anderen Obdachlosigkeit des Studenten Begleiter sind. Unter ähnlichen Umständen setzen auch große Forscher, Historiker, Archäologen, Philologen etc., deren Namen Weltruf besitzt, ihre Arbeit fort. Und wo dies geschieht, da bewährt sich vielleicht stärker als je eine echt deutsche Eigenschaft, von der ich nicht weiß, inwieweit sie dem Amerikaner verständlich ist. Also kein Wort von Degeneration, von Abbau der deutschen Kultur. In Zeiten der Not gerade ist der deutsche Idealismus stets mit verzehnfachter Kraft in die Erscheinung getreten.

XII.

Es würde eine besondere, sehr eingehende Studie erfordern, woll[t]e man feststellen, wieweit unsre heutige Literatur als ein Spiegel der gegenwärtigen Zeitumstände anzusehen ist: genug, es ist literarisches Leben vorhanden. Es gibt, abgesehen von der wissenschaftlichen Literatur, allerlei hoffentlich zukunftsreiche Anläufe, sowohl im Drama als im Roman, desgleichen im Lyrischen. Dabei ist lebendiges Gut, sind lebendig wirkende, jetzt nicht mehr ganz junge Musiker, bildende Künstler, Dichter und Schriftsteller über den Krieg in die neue Epoche gerettet worden. Sie haben den Vorteil, ein gewaltiges Schicksal bewusst erlebt und überlebt zu haben und, an Erfahrungen reich, eines weiten Überblicks teilhaftig geworden zu sein.

Gerhart Hauptmann: Sämtliche Werke, hrsg. von Hans-Egon Hass © 1996 Propyläen Verlag in der Ullstein Buchverlage GmbH, Berlin

- *Lesen Sie den Abschnitt aus dem Nachlass vom 29.11.1922. Welche Bedenken hinsichtlich seiner Ehrung kommen hier zum Ausdruck?*
- *Ermitteln Sie auf der Grundlage der Textabdrucke das literarische Selbstverständnis Hauptmanns.*

Hauptmanns Kritik am literarischen Schaffen der 20er-Jahre

Die folgenden Textauszüge zeigen, in welchem Maße sich Hauptmann gegen Neuerungen auf literarischem wie auch medialem Gebiet wendet. Mit Unverständnis reagiert er auf die Nutzung und den Einsatz von Film, Zeitung etc. Für ihn bleibt als optimale Vermittlung elementarer Gegebenheiten humanitärer Bildung die poetische Gestaltung von Wirklichkeit.

(8.11.1928)
Fürs Erste will ich, solange wie möglich, die gepfefferte, paprizierte[1], getrüffelte, mit stechenden Eisenfeilspänen untermischte, meistens übergegangene, vielfach morphinisierte, kokainisierte moderne Geistesnahrung vermeiden. *Nachlass-Nr. 234, S. 113*

(8.12.1928)
Brecht und Bronnen[2] gelesen. Einiges. Mit Respekt. Wie viel Geist wird vertan. [...] Brecht? Bronnen? Amerika? Karl May etc. – Diese verkappte Karl-May-Romantik. [...] Und dann das Absinthische (ein bisschen missverstandener, nie erlebter Baudelaire). Exaltierte Absinth*(iker?)*, die nie ein Verbrechen begangen haben noch je Absinth getrunken haben. *Nachlass-Nr. 7, S. 98*

Herr Brecht: trägt zusammen wie ein Konditor und macht gepfefferte Konditorware. (S. 104)

Ich brauchte mir nur vorzustellen, diesen blödsinnigen amerikanisierenden Unsinn als mein Produkt vertreten zu müssen. Ich würde mich längst aufgegeben haben, bevor ich dazu Zynismus genug fände. (S. 102)

(Dezember 1928)
Die heutige Literatur ist nur männliche Hysterie. – Die Journalistik Hysterie, soweit sie sich nicht zum Zynismus erhoben hat. – Zynismus auf diesem Gebiet ist gesund. *Nachlass-Nr. 21, S. 83 v*

Was ihr da macht, Bronnen, Brecht, Döblin, das ist „Zeugs"! (S. 87)

Was ist mir die sog. schöne Literatur? Ich kenne sie nicht und will nichts zu ihr beitragen. Ich will mich nur mitteilen. Das ist einfach sozial und ohne gemeinschaft (...?) Geist. (S. 65)

Aus: Hans von Brescius: Gerhart Hauptmann. Zeitgeschehen und Bewusstsein in unbekannten Selbstzeugnissen. Eine politisch-biografische Studie. Bonn, 1977, S. 140–141.

(11.11.1930)
Es ist eine Zerstörung der Persönlichkeit im Gange. Mit dem Vielzuviel der Zeitungen und der Magazine, des Radio(s) und des Film(s) wird sie ausgelaugt und ausgesogen [...] *Nachlass-Nr. 234, S. 150 f.*

Ich bin so ein grundsinniger Deutscher, dass ich fast wünschen möchte, den ganzen Zeitungsbetrieb abzubauen und nur Bühnen zuzulassen [...]". *Nachlass-Nr. 3, S. 13 v.*

Aus: von Brescius, 1977, S. 144–145

Für Hauptmann bleibt als optimale Vermittlung elementarer Gegebenheiten menschlichen Lebens die poetische Gestaltung von Wirklichkeit.
Der folgende Auszug aus einer seiner Reden führt seine Gedanken in diesem Zusammenhang aus:

Man hat gesagt, ich hätte mich in meiner Kunst zu sehr dem Kleinmenschlichen und dem Allgemeinmenschlichen zugewandt und zu wenig dem, was gerade dem Menschen unserer Tage am Herzen liegt. Nun, meine Herren, nicht nur in der Natur ist das Größte und Kleinste gleich staunenswert. Das Menschliche ist das Große und wird vom Geist der Zeit nicht so sehr variiert, dass die elementaren Dinge und Schicksale hinter die Variationen zurücktreten. So wird das Ewigkeitsschicksal der Menschen immer ein größeres Thema als das zerebral bewusste Schicksal einer Epoche sein.

Jeder Mensch, und auch jeder begabte Mensch, ist einmalig. Er geht nicht nur seinen eigenen Weg durch die Dunkelheit, sondern trägt auch seine eigene Laterne. Mögen andere bessere Wege einschlagen und die Welt anders beleuchten. Mir kommt es darauf an, ein möglichst phrasenloses, ein möglichst erlebtes Werk zurückzulassen.

Man wird deshalb nicht meinen, dass die Gedanken des Fortschritts mir gleichgültig sind und dass der bewegte geistige Inhalt meiner Epoche mich nicht bewegt. Lebe ich weiter, so hoffe ich, auch für diese ganze besondere Zeit eine, das heißt meine bescheidene, poetisch gestaltete Formel zu finden.

Gerhart Hauptmann: Sämtliche Werke, hrsg. von Hans-Egon Hass © 1996 Propyläen Verlag in der Ullstein Buchverlage GmbH, Berlin.

- Beschreiben Sie auf der Grundlage der Textauszüge Hauptmanns Einstellung zu Modernisierungen auf kulturellem Gebiet.
- Wie begründet er sein Festhalten an der poetischen Darstellung von Wirklichkeit?

---
[1] paprizieren: mit Paprika würzen
[2] Bronnen, Arnolt (1895–1959): Dramatiker, Erzähler, Publizist; freier Schriftsteller; lebte in Berlin seit 1922

Hauptmann und die Dichterakademie

Auf Betreiben des preußischen Kultusministers sollte der Preußischen Akademie der Künste eine Akademie für Dichtkunst angegliedert werden. Ziel war es, eine repräsentative geistige Instanz zu schaffen, die Autorität besaß, um in geistigen Fragen (Schul- und Hochschulwesen, Buchzensur, Kulturgesetzgebung) richtungsweisend zu wirken. Hauptmann und Thomas Mann sollten dem Gründungsgremium angehören. Hauptmann schrieb eine Reihe von Absagebriefen.

In einem Antwortbrief an Richard Strauss heißt es:

Was Sie in Ihrer Zeitschrift an die Zentrale *(für Heimatdienst)* gesagt haben, finde ich übrigens ausgezeichnet. (Das Künstlerparlament) Sie machen jedenfalls praktische Vorschläge [...].
Man kann nicht zweien Herren dienen. Wenigstens ich kann es nicht. Um etwas Fruchtbares durchzusetzen, müsste man sich ganz und gar der Politik widmen, sie zur alleinigen Lebensaufgabe machen. Das können wir nun einmal nicht. Dazu haben wir zu eingefleischte Gewohnheiten und Neigungen auf einem anderen Gebiet. [...] Möchte die Nationalversammlung etwas Schwung, Geistigkeit, ja zum Teufel nochmal Größe bekommen. Dafür selbst in der Revolution um so mehr trockenes, kleinigkeitskrämerisches Philisterium. *Briefnachlass-Nr. I, s.v. Strauss, Richard*

Aus: Hans von Brescius: Gerhart Hauptmann. Zeitgeschehen und Bewusstsein in unbekannten Selbstzeugnissen. Eine politisch-biografische Studie. Bonn, 1977, S. 152

Die zahlreichen Entwürfe zu dem Absagebrief an Minister Becker bezeugen, wie schwer sich Hauptmann mit der Begründung tat. So führte er anfangs ein Argument an, das er in der Endfassung des Briefes weggelassen hat:

Der Eintritt würde mit der Übernahme eines verantwortlichen Staatsamtes auf dem Felde der Dichtung nahezu gleichbedeutend sein. Das würde, wie ich nun einmal geartet bin, ein Gefühl von Unfreiheit durch Rücksichtnahme in meine Produktion bringen, von der ich diese ganz und gar freizuhalten gewohnt und gebunden bin. Es würden sich vielleicht Beengungen einschleichen, die mich eines Tages zwingen müssten, das hohe Staatsmandat niederzulegen, was ich lieber im vorhinein ausschließe. *Nachlass-Nr. 269*

Aus: von Brescius, 1977, S. 155

[AN DIE AKADEMIE (I)]

Hochverehrter Herr Minister!
Soeben von langer Reise nach Hause zurückgekehrt, finde ich die Zuschrift des hohen Ministeriums für Wissenschaft, Kunst und Volksbildung, durch die ich eingeladen werde, der neugegründeten Sektion für Dichtkunst innerhalb der Preußischen Akademie der Künste beizutreten. Bei voller und dankbarer Würdigung der mir zugedachten großen Auszeichnung wird es mir doppelt schwer, zu tun, was doch geschehen muss, nämlich zu bitten, von meiner Ernennung zum Mitglied dieser Sektion abzusehen.

So sehr ich eine Akademie der Wissenschaften, eine Akademie der bildenden Künste und der Musik als eine staatliche Notwendigkeit ansehe, da es sich hier um Geistesgebiete handelt, die durch gemeinsame Arbeit gefördert werden müssen und hinter denen staatliche Lehrinstitute in großer Zahl stehen, so wenig vermag ich mich von der staatlichen Notwendigkeit einer akademischen Sektion für Dichtkunst zu überzeugen. Und zwar umso weniger vermag ich das, je mehr ich darüber nachdenke. Es bedarf keines Dichterkollegiums, um staatliche Unterstützungen zu erwirken und zu verteilen, sondern nur einiger gebildeter und wohlwollender Männer von Takt und Geschmack.

Was aber die weiteren und höheren Aufgaben der Dichtkunst anbetrifft und ihre verantwortliche Förderung, so bin ich leider, wenn ich an die neu zu gründende Sektion denke, kleinmütig. Eine bewusste Führung auf dem Gebiete der Dichtkunst gibt es nicht. Staatlich beamtete, führende Dichter bilden ein Novum, das mit Recht in den Kreisen der freien Poeten beanstandet werden wird. Was mich betrifft; so kann ich mir weder eine unbewusste noch eine bewusste Führerstellung dieser Art zusprechen. Wenn ich, wie andere Schriftsteller und Dichter, auf Menschen im Sinne der Menschlichkeit gewirkt habe, ist es mir genug.

Sie sehen mich also, Herr Minister, auf Seite derer, die schon vor meiner Zeit gegen die Bildung einer Dichterakademie gewesen sind. Ich bin gewiss, Sie werden nichts anderes von mir erwarten, als dass ich dies freimütig eingestehe. Es liegt mir dabei ganz fern, an der entgegengesetzten Meinung oder gar an dem edlen Beschluss des hohen Ministeriums irgendwie Kritik zu üben. Nur für mich und ganz allein nur für mich soll meine Überzeugung maßgebend sein.
Mit dem Ausdruck tiefsten Respektes
Gerhart Hauptmann.

Gerhart Hauptmann: Sämtliche Werke, hrsg. von Hans Egon Hass © 1996 Propyläen Verlag in der Ullstein Buchverlage GmbH, Berlin

[AN DIE AKADEMIE (II)]

Sehr verehrter Herr Präsident! Lassen Sie mich Ihnen nur kurz sagen, dass ich Ihrer und meiner werten Kollegen Einladung, der Akademie, Sektion für Dichtkunst, beizutreten, nunmehr mit wärmstem Dank entspreche. Vor zwei Jahren habe ich gezögert, mich an der Gründung dieser Sektion zu beteiligen. Gleichviel ob meine damaligen Bedenken weiter bestehen oder nicht, die Sektion ist heute eine Tatsache und nicht mehr, wie damals, ein bloßes Fragezeichen. Und wenn heute zu dem ursprünglichen Vertrauen des Herrn Ministers die Einladung meiner Kollegen tritt, unterstützt von Max Liebermann und Thomas Mann, denen beiden ich in freundschaftlicher Verehrung verbunden bin, so würde mein Fernbleiben einer Versündigung an dem Gedanken der Kameradschaftlichkeit beinahe gleichkommen. Ich bekenne mich also hiermit dankbar zur Kameradschaftlichkeit und verspreche gern, meine anfängliche Skepsis nach Kräften durch den Glauben zu ersetzen.
In größter Hochachtung
Gerhart Hauptmann.

Gerhart Hauptmann: Sämtliche Werke, hrsg. von Hans Egon Hass © 1996 Propyläen Verlag in der Ullstein Buchverlage GmbH, Berlin

■ *Warum lehnt Hauptmann seinen Beitritt in die Akademie zunächst ab? Welches sind seine Gründe, schließlich beizutreten?*

Ein Spottgedicht – Karl Kinndt: Sechstagerennen um Hauptmann

Im Jahr 1932 gab es einen konkreten Anlass, den Dichterfürsten Hauptmann mit Goethe zu vergleichen. Im März wurde des hundertsten Todestages Goethes gedacht, im November feierte man Hauptmanns siebzigsten Geburtstag.
Als Dichter der Armen genoss Hauptmann in der Weimarer Republik große Popularität. Mit seinem Schauspiel „Vor Sonnenaufgang" setzte er sich schärfster Kritik aus.
Das Spottgedicht entstand nach den Feierlichkeiten zum Geburtstag des Dichterfürsten.

Sechstagerennen um Hauptmann
Von Karl Kinndt

Gottlob, der Rummel ist vorbei,
die Rederei, die Kriecherei
der ewigen Lakaien!
Wie viele, die ihn einst bespien,
5 sah man nun betend niederknien
mit Ehrfurchts-Litaneien!

Schön, wenn ein Volk den Dichter ehrt.
Doch wem Gott keinen Frack beschert,
war meist nicht gern gelitten –
10 So wurde nur ein Rummel draus:
Sechsnächte-Jagd von Haus zu Haus,
das Weltkind in der Mitten.

Ob Wissen, Kunst, ob Politik,
man macht daraus ein Kassenstück
15 und Sportpalast-Affären!
Seitdem das Kaiser-Thrönchen leer,
muß unbedingt ein Götze her,
mit ihm sich selbst zu ehren –

Es mag an vierzig Jahre sein,
20 da nannte man den Dichter „Schwein",
konnt' nicht genug ihn schmähen.
Und bald, nach kurzem Ruhmesglück,
verriß man wieder Stück für Stück
– bis zu den Jubiläen – – –

25 Nun sind sie plötzlich alle da
und schreien ihr Halleluja
dem größten Dichterfürsten!
Und hat man das mit angesehn,
wird man gern still nach Hause gehn,
30 um sich im Bad zu bürsten – – –

In: Simplicissimus, München, 4. Dezember 1932, 37. Jg., Nr. 36, S. 422

■ *Lesen Sie das Spottgedicht von Karl Kinndt. Welche Reaktion auf die Person Hauptmanns wird deutlich?*

Goethe-Rede [Auszug]

Hauptmanns Verehrung für Goethe war zeit seines Lebens ungebrochen. Ein Auszug aus seiner Goethe-Rede, gehalten an der Columbia-Universität zu New York am 1. März 1932, zeigt, wie sehr Hauptmann das klassische Humanitätsideal, verkörpert durch Goethe, schätzte.

So ist denn unser größter Dichter dahin. Die himmlische Kraft, die so vieler Dinge Herr wurde, weilt hier nicht länger. Der Werktagsmann, der bisher zu uns gehörte, hat das Ewigkeitsgewand angelegt und strahlt in triumphierender Glorie. Sein Schwinden glich dem Untergang der Sonne. [...]

Sie mögen es hören, alle die schätzbaren Herrn von Paris bis Petersburg, von Hammerfest bis Südafrika, und was in Ihrem tatgewaltigen Kontinent meinen Worten ein Ohr zu leihen willens ist: Die Welt wird weder mit Gold noch durch Gewalttat erlöst, sondern allein durch Menschlichkeit, durch Menschenachtung, durch Humanität. Immer waren es einzelne, die uns die frohe Botschaft gebracht und zur Humanität ermutigt haben, die als reiner Gedanke die größte, ja fast einzige Legitimation des Menschen als Menschen ist. Nicht Revolutionen bringen die Fortschritte, aber eine immerwährende, wie das Leben selber gegenwärtige, stille Reformation. Es wäre verlockend, einen Vergleich anzustellen zwischen der, die mit dem Namen Luthers, und unserer, die mit dem Namen Goethes verbunden ist. Ich nenne nur einen Unterschied: keine Art Fanatismus, keine Art Geistesknechtung, keine Art Menschenfeindschaft, keine Art Verfolgung kann in der neuen einen Platz finden. Nicht die abstrakte Masse, sondern der einzelne Mensch ist, wie ich sagte, das wahre Objekt Goethe'schen Bildnertriebs. Aber vor allem war es er selbst. Und so mag jeder Mensch seine eigene Reformation im Sinne Goethes zunächst selbst in die Hand nehmen, sein eigener Herr und sein Souverän, nicht aber das Spielzeug und Opfer fanatischer Mächte.

Für was wir eintreten, das ist Kultur. Es ist der einzige Klang, in dem die übertierische Bedeutung der Menschheit beschlossen ist. Blickt man aber, hört und fühlt man in das noch heute lebendige Goethe'sche Wesen tief hinein, so erkennt man, dass es bereits in einem höheren oder tieferen, wie man will, Kulturbereich heimisch ist, einem, an dessen Schwelle wir jetzt stehen, wie ich unentwegt zu hoffen nicht ablasse, wo die Mechanisierung und Materialisierung ihr gewiss beachtenswertes, aber keineswegs endgültiges Wort gesprochen hat. Heute heißt es: Vergessenes nachholen!

Gehen wir an die Arbeit, meine Damen und Herren!

Gerhart Hauptmann: Sämtliche Werke, hrsg. von Hans Egon Hass © 1996 Propyläen Verlag in der Ullstein Buchverlage GmbH, Berlin

■ *Fassen Sie den Inhalt der Rede zusammen. Diskutieren Sie, inwiefern die Ansichten Hauptmanns heute noch relevant sind.*

Baustein 3

Die Personen im Drama

Im Mittelpunkt dieses Bausteins stehen die Personen des Dramas. Zunächst soll die Figur des Geheimrats Clausen in den Blick rücken. Seine menschlichen und charakterlichen Qualitäten, die dem herkömmlichen Verständnis von einem Geschäftsmann zuwiderlaufen, prägen ihn in besonderer Weise. Sein Verhältnis zu Inken Peters bestimmt die Beziehung der einzelnen Familienmitglieder sowohl untereinander als auch die zum Vater und zu Inken selbst. Dieses Verhältnis gibt im Kreis der Kinder Anstoß zu heftigen Diskussionen über den Verbleib des Familienbesitzes. Im Einzelnen werden die Charaktere folgender Personen untersucht:
- Geheimrat Clausen
- Inken Peters
- Wolfgang Clausen und Clothilde
- Bettina
- Klamroth und Ottilie
- Egmont

3.1 Matthias Clausen – Geschäftsmann und Humanist
„Ich habe allerlei Schwächen, die man einem Geschäftsmann für gewöhnlich nicht zubilligt" (S. 16)

Clausen erscheint im Drama als Humanist und nicht als skrupelloser Geschäftsmann. Zu Beginn des ersten Aktes erfährt der Leser aus einem Gespräch zwischen Tochter Bettina und dem Jugendfreund Clausens Grundsätzliches über die familiäre Situation. Seit drei Jahren ist der Geheimrat Witwer, er hat schwer unter dem Tod seiner Frau gelitten. „Es war furchtbar schwer mit Vater […]. Er konnte sich gar nicht mehr zurechtfinden" (S. 9), berichtet Bettina dem Jugendfreund.
Nun aber sei er dem Dasein wiedergegeben (vgl. S. 10), nicht zuletzt mithilfe des Sanitätsrates Steynitz, der den „Seniorchef schließlich doch wieder auf die Beine" (S. 14) gebracht hat. Gefeiert wird im Stadthaus des Geheimrates die Verleihung der Urkunde als Ehrenbürger der Stadt (vgl. S. 10). Als Zeichen für seine „Beliebtheit" (S. 11) gestalten „zwei- bis dreitausend Menschen aus allen Parteien einen Fackelzug" (S. 19) für den „Leiter und Gründer eines großen Geschäftsbetriebes" (S. 26). Clausen selbst ist an diesem Tag den Bitten seiner Kinder gefolgt, denn „wer so wie Papa mit dem städtischen Leben verbunden ist, darf weite Kreise nicht vor den Kopf stoßen" (S. 11). Mit forcierter Bescheidenheit nimmt Clausen die Ehrung entgegen, indem er sagt: „[…] diese Herren haben mir wirklich die höchste Auszeichnung überbracht, die unser städtisches Gemeinwesen zu verleihen hat. Das Bewusstsein meiner geringen Verdienste sträubt sich noch immer gegen die Tatsache" (S. 16). Im Gespräch mit Professor Geiger betont er nochmals – mit Verweis auf Schliemann und Grote –, er habe nichts aufzuweisen. Durch Geiger erhält der Zuschauer Hinweise auf dessen literarische Tätigkeit: „[D]eine verstreuten Aufsätze würden mehrere Bände ausmachen" (S. 26).

Baustein 3: Die Personen im Drama

Das Zimmer gleiche – so der Oberbürgermeister – eher dem „eines Gelehrten als dem eines Geschäftsmannes" (S. 16). Clausen hebt seine wertvollen Bestände hervor: Autografen, Erstdrucke, Fust-Bibel, das Manuskript von Lessings „Laokoon" (S. 16), Büste von Marc Aurel (vgl. S. 26), Bild seiner Frau von dem Maler Kaulbach (vgl. S. 18). Auch befinde er sich im Besitz einer „Bibliothek" (S. 26) und beschäftige einen Bibliothekar (vgl. S. 26). Dass er gebildet ist, zeigen zudem seine Französischkenntnisse (vgl. S. 29). Vor dem Hintergrund dieser Informationen lässt sich in einem Unterrichtsgespräch folgende Frage beantworten:

■ *Was könnte Clausen meinen, wenn er sagt: „Ich habe allerlei Schwächen, die man einem Geschäftsmann für gewöhnlich nicht zutraut" (S. 16)?*

Es empfiehlt sich, wenn nicht bereits geschehen, in diesem Zusammenhang Kurzreferate zu den von Clausen genannten Eigennamen und Persönlichkeiten zu vergeben bzw. Recherchen durchführen zu lassen. Zudem erleichtern die Hintergrundinformationen eine Annäherung an das humanistische Bildungsideal, das durch den Geheimrat verkörpert wird.
In diesem Zusammenhang erhalten die Schülerinnen und Schüler folgenden Arbeitsauftrag:

■ *Recherchieren Sie zu folgenden Personennamen: Schliemann, Grote, Kaulbach, Fust, Marc Aurel, Laokoon.*

■ *Erstellen Sie ein Charakterprofil Clausens (S. 16–35). Greifen Sie dabei auf Ihre bisherigen Ergebnisse (Baustein 1) zurück.*

■ *Wie wirkt Clausen auf Sie?*

Wenn die Schülerinnen und Schüler keine eigene Recherche durchführen sollen, kann an dieser Stelle das Informationsmaterial „Erklärungen zu Eigennamen" (**Zusatzmaterial 6**, S. 107) eingesetzt werden.
Die inhaltliche Verknüpfung und Beziehung Clausens zu dem Stoiker Marc Aurel wird an späterer Stelle im Zusammenhang mit dem Suizid evident und verständlich. Bereits an dieser Stelle kann seine Beziehung zum Stoizismus aufgegriffen und vertieft werden. Clausen, der mit der jungen Kindergärtnerin Inken Peters ein neues Leben beginnen möchte, erleidet einen Zusammenbruch, als er erfährt, dass ihn seine Kinder aufgrund seiner Heiratspläne entmündigen lassen wollen. Im Zustand geistiger Umnachtung setzt er seinem Leben als „Schüler von Marc Aurel" (S. 127) mit Gift ein Ende, um nicht in die Psychiatrie eingewiesen zu werden.
In folgendem Tafelbild können die Ergebnisse gesichert werden:

Charakterprofil Clausens

- Gründer und Leiter eines Geschäftsbetriebes
- eigene Bibliothek und Bibliothekar
- im Besitz wertvoller Bücher und Manuskripte
- eigene literarische Tätigkeit
- religiös interessiert (Fust-Bibel)
- philosophisch orientiert – dem Stoizismus zugewandt
- Liebhaber der klassischen Antike (Laokoon)
- schätzt die politische und soziale Gegenwart realistisch ein
- zuvorkommend, freundlich
- besorgt um seine Kinder

→ **umfassend humanistisch gebildet; erfolgreicher Geschäftsmann**

An dieser Stelle bietet sich ein autobiografischer Bezug zu Hauptmanns Freund Max Pinkus an. Wie Clausen wollte dieser nach dem Tod seiner Frau ein zweites Mal heiraten und geriet darüber mit seiner Familie in Streit; schließlich öffnete er sich die Pulsader seiner linken Hand – ein Selbstmordversuch, der im Gegensatz zu Clausens Suizid scheiterte.

Ein Kurzreferat ist in diesem Zusammenhang möglich. Informationen zu Hauptmanns Freund Max Pinkus liefert **Zusatzmaterial 7**, S. 108.

Pinkus, Freund und Verehrer Gerhart Hauptmanns, verfasste zu dessen 60. Geburtstag eine umfassende Hauptmann-Bibliografie. Im Einzelnen spiegeln sich seine Charakterzüge in Matthias Clausen wider:

Max Pinkus

- erfolgreicher Geschäftsmann (Tischzeug)
- interessiert an Kunst und Literatur
- im Besitz historischer Sammlungen, Handschriften und Dokumente
- wirkt als Mäzen
- bibliophile Tätigkeiten nach Rückzug aus dem Geschäftsleben

---

3.2 Zwei Welten treffen aufeinander – Inken Peters im Hause Clausens (1. Akt)
„Man ist eben eine Gefangene" (S. 22)

Hauptmann gestaltet die Beziehung zwischen Clausen und Inken Peters literarisch umfassend aus. Clausen wird an dieser Beziehung letztlich aufgrund der Ablehnung Inkens durch seine Familie scheitern. Inken Peters stammt aus Verhältnissen, die eher nicht mit denen der Familie Clausen übereinstimmen. Aus diesem Grund gilt sie in der Familie als Störfaktor und Eindringling, der es, so wird unterstellt, auf das Vermögen der Familie abgesehen habe. In der Familie spürt sie Unbehagen und Unwohlsein. Gleichzeitig zeigt sie innere Stärke und tritt einzelnen Familienmitgliedern selbstbewusst und selbstsicher gegenüber. Inkens Wärme, Aufrichtigkeit und Menschlichkeit begeistern den Geheimrat, ihr wiederum gefällt sowohl die Weltgewandtheit und Weltoffenheit des Geheimrates als auch das gesellschaftliche Leben – eine Gegenwelt zu ihrem eingeschränkten Dasein.

Die Schülerinnen und Schüler erhalten zunächst folgenden Arbeitsauftrag:

> ■ *Was für ein Mensch ist Inken? Was sind die typischen Merkmale und Eigenschaften, die ihren Charakter im Drama ausmachen? Nennen und belegen Sie diese anhand passender Textstellen (z. B. S. 20–22; S. 46–49; S. 50–51).*

Die Lehrkraft sammelt die im Unterrichtsgespräch genannten Eigenschaften auf einer Folie (Mitschrift).

Folgende Ergebnisse könnten erzielt werden:

Baustein 3: Die Personen im Drama

> **Inken Peters**
> - eingeschränkt freundlich
> - höflich
> - selbstbewusst
> - eigenwillig
> - realitätsnah
> - lebensnah
> - herzlich
> - menschlich
> - ...

Nach Abschluss des Gesprächs und Fertigstellung der Liste bietet sich eine mündliche Zusammenfassung/Diskussion der Ergebnisse an. Es sollte deutlich werden, dass Inken die Familie Clausen (mit Ausnahme des Geheimrats) eher ablehnt und sich in ihrer „Weltanschauung" von den Familienmitgliedern unverstanden fühlt.
Im Folgenden bleibt zu prüfen, inwieweit Inkens ablehnende Einstellung zur Familie tatsächlich gerechtfertigt ist.

■ *Lesen Sie die Seiten 20–23. Beschreiben Sie die Situation, in der sich Inken befindet.*

■ *Wie bewerten Sie den gesellschaftlichen Umgang mit Inken? Achten Sie dabei besonders auf den Sprachgebrauch der einzelnen Familienmitglieder.*

Anlässlich der Familienfeier zum Jubiläum des Geheimrats betritt Inken offenbar zum ersten Mal dessen Zuhause, denn sie fragt: „Sag mal, Mutter, wo ist man hier?" (S. 20). Die Nähe der Gäste scheint sie zu bedrücken. In den Augen der Mutter wirkt sie „gehetzt" (S. 20). Zudem meidet sie den Geheimrat (vgl. S. 20). Eindeutig formuliert sie ihren Missmut und die Unbehaglichkeit, die sie in dieser Gesellschaft empfindet: „Es sind genug junge Damen da, die Hofknickse machen. Was habe ich von dem Geheimrat, wenn er von einem Wall umgeben ist?!" (S. 20).

Inkens Position in der Familie

Inkens Beziehung zu einzelnen Familienmitgliedern ist, wie auf dem Fest zu merken, offenbar gestört. Das Gespräch mit Bettina wird mit einem „Examen" (S. 20) verglichen. Die Nähe zu Klamroth ist ihr „widerlich" (S. 20). Einzig der jüngste Sohn Egmont findet ihre Akzeptanz (vgl. S. 20).
Dass Inken in der Familie des Geheimrats und in seinem engsten Bekanntenkreis aufgrund ihrer gesellschaftlichen Stellung Geringschätzung erfährt, zeigt das Gespräch zwischen ihr, Clothilde und Justizrat Hanefeldt (vgl. S. 21). Die Bezeichnung als „Kleine" (S. 21) anstelle ihres Eigennamens spricht für sich. Selbstbewusst und gereizt antwortet die junge Frau Clothilde auf die Frage nach ihrer Arbeitsstelle: „Wenn die Dame es wissen will – eine Stellung bekleide ich augenblicklich nicht. Aber dank der Unterstützung des Herrn Administrators Hanefeldt halten wir einen Kindergarten" (S. 22); dieser bringe monatlichen Ertrag, und zwar „sechzehn Dummköpfe, pro Dummkopf zwei Mark die Woche" (S. 22).
Clothilde drückt eindeutig ihr Missfallen in Bezug auf Inken aus: „[S]ie gefällt mir nicht" (S. 22), erklärt sie Hanefeldt, weil sie „unweiblich" (S. 23) sei.
Hanefeldt dagegen spricht ihr die „größte[n] Liebenswürdigkeit" (S. 23) zu und lobt ihr musterhaftes Verhalten (vgl. S. 23).
Unkundig scheint Inken in Bezug auf das Schicksal ihres Vaters zu sein; von ihm erfährt der Zuschauer bereits durch Clothilde, dass er sich aufgrund schuldloser Inhaftierung im Gefängnis das Leben genommen habe (vgl. S. 23).

Die Schülerinnen und Schüler erhalten folgenden Arbeitsauftrag:

■ *Nehmen Sie die Position Inkens ein und schreiben Sie einen kurzen Tagebucheintrag über ihre Eindrücke von der Familie Clausen. Beziehen Sie sich dabei auf den ersten Akt.*

Deutlich wird, dass Inken sich in der gesellschaftlichen Umgebung unwohl fühlt; dennoch strahlt sie Liebenswürdigkeit, Charme, Selbstsicherheit und Selbstbewusstsein aus.
In der Familie wird Inken besonders von Bettina und Clothilde als Störfaktor empfunden. Clothilde und Inken treffen als Konkurrentinnen aufeinander, wobei die Abneigung Clothildes Inken gegenüber deutlicher wird als umgekehrt. Scheinbar neutral verhält sich Sohn Wolfgang, während Egmont durchaus Sympathie für sie hegt. Sexuelles Interesse scheint Klamroth zu haben. Menschlich sympathisch erscheint sie Hanefeldt.
Vor diesem Hintergrund ist folgender Auftrag denkbar:

■ *Lesen Sie den 3. und den 5. Akt. Beschreiben Sie den Eindruck, den Inken von den Familienmitgliedern hat.*

Inkens Eindruck von den Familienmitgliedern

Inken	Familienmitglied	Eindruck/Beurteilung	Beleg/Stelle
	Clothilde	spürt Missachtung	3. Akt
	Bettina	vergleicht das Gespräch mit einem Verhör	3. Akt
	Klamroth	findet ihn widerlich und anzüglich; profitgierig	3. Akt, 5. Akt
	Egert	gegenseitige Sympathie	3. Akt

Ebenso aufschlussreich für Inkens Stellung in der Familie ist deren Verhältnis zu ihr. Das **Arbeitsblatt 8**, S. 65, „Beziehung der Familienmitglieder zu Inken", kann an dieser Stelle eingesetzt werden.
Die Familienmitglieder haben bereits ein bestimmtes Urteil über Inken gefällt. Inken selbst reagiert ihrerseits ihrer Einschätzung der einzelnen Familienmitglieder entsprechend.

■ *Wie beurteilen die einzelnen Familienmitglieder Inken?*

Als Alternative oder auch ergänzende Aufgabe gilt folgender Auftrag:

■ *Stellen Sie die Beziehung der Familienmitglieder zu Inken grafisch dar. Berücksichtigen Sie dabei auch den Eindruck, den Inken von den Familienmitgliedern gewinnt.*

Für die Gestaltung gilt folgender Vorschlag:

Baustein 3: Die Personen im Drama

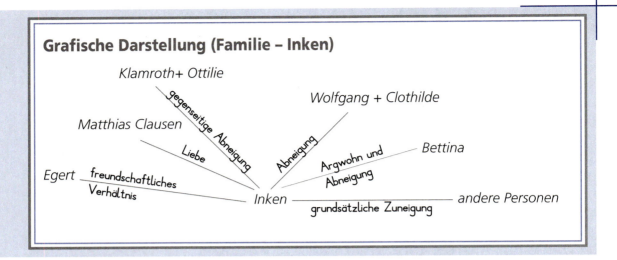

3.3 Wolfgang Clausen und Paula Clothilde – „Der brave Wolfgang und diese Paprikaschote" (S. 12)

Bereits im ersten Akt macht sich der Zuschauer ein eindeutiges Charakterbild von Clothilde, der Frau Wolfgangs. Als verarmte Adelige blickt sie neidisch auf den Besitz der Familie Clausen. Ihr großes Geltungsbedürfnis zeigt sich dann, wenn sie sich auf ihre eigene familiäre Situation beziehen kann. Sie lässt sich gern hofieren. Um den Besitz der Familie Clausen und damit auch ihren Anteil zu wahren, scheut sie weder vor Intrigen noch vor Verleumdungen zurück. Dabei fällt sie durch ihr niederes Sprachniveau, ihre drastische Sprache und Wortwahl auf.

Wolfgang dagegen wirkt zunächst nicht unsympathisch, zeichnet sich schließlich aber, wie auch alle anderen Familienmitglieder (eine Ausnahme bildet Egmont), durch emotionale Kälte aus. In dieser Sequenz sollen folgende Aspekte erarbeitet werden:
- Wolfgang und Clothildes gesellschaftliche Stellung als Grundlage für ihr Handeln
- Verhältnis zum Vater/Schwiegervater und zu Inken
- Handlungskonsequenzen, um den Besitz zu wahren

In der Familie ihres Schwiegervaters hat sich Clothilde bereits einen bestimmten Ruf erworben. Dies bestätigen Steynitz und Wuttke, die sich als Menschenkenner zeigen: „Diese Dame hat Haare auf den Zähnen ... mit der [ist] nicht gut Kirschen essen" (S. 12).

Ohne Rücksicht auf den Schicksalsschlag ihres Schwiegervaters vergleicht sie die Feierlichkeit ihm zu Ehren mit dem Erfolg ihres verstorbenen Vaters: „Was ist denn schließlich ein Fackelzug? Alle naselang musste mein Vater als Korpskommandeur so 'nen Fez über sich ergehen lassen. Er stand schließlich kaum noch von Tische auf" (S. 11). Weiterhin aufschlussreich ist das Gespräch zwischen ihr und ihrem Mann Wolfgang. Sie äußert Unverständnis über das Verhalten ihres Schwiegervaters: „Erst kriecht euer Vater ins Mauseloch, versteckt sich, lässt sich von niemandem sprechen, dann plötzlich wird dieser Riesenrummel in Bewegung gesetzt. Da muss irgendetwas dahinterstecken" (S. 11). Ihr Mann spürt Neid und Gehässigkeit in dieser Äußerung: „Gönnst du Vater vielleicht die ihm so in Hülle und Fülle dargebrachten Ehren nicht?" Die Feier war notwendig, um das Geschäftsinteresse aufrechtzuerhalten (vgl. S. 11). „Nach Schwager Klamroths und unserer Ansicht war das notwendig: wer so wie Papa mit dem städtischen Leben verbunden ist, darf weite Kreise nicht vor den Kopf stoßen" (S. 11).

Resigniert gesteht sie, als „verarmte Adlige" (S. 11) keine Ansprüche mehr zu haben. Aus eigener Erfahrung weiß sie, dass ihr Vater als „General" (S. 21) „unverzeihliche Fehler"

(S. 21) begangen hat, denn „sonst müssten wir heut noch Eigentümer der Herrschaft sein. Auf alte Herren muss man Acht geben!" (S. 21).

Die Anwesenheit Inkens auf dem Fest des Geheimrats bemerkt auch zunächst Clothilde Clausen. „Wer ist denn die blonde Bohnenstange, mit der sich Schwager Klamroth im Kreise dreht?" (S. 11), fragt sie heuchlerisch wissbegierig. Während ihr Ehemann Wolfgang sie aus Unkenntnis über die Lage für eine der Angestellten hält, weiß seine Frau genau über deren familiäre Situation und Herkunft Bescheid: „[D]ie Mutter ist Witwe, sie wohnen in Broich, der Onkel ist Schlossgärtner, sie heißt Inken Peters – oder so" (S. 12). Über eine mögliche Beziehung zwischen ihr und Clausen ist sie ebenfalls gut informiert. Mit Argwohn sieht sie, dass Inken und ihre Mutter zum Fest eingeladen sind.

Dass Wolfgang in dieser Beziehung nichts Spektakuläres vermutet, zeigt seine Unbefangenheit über die Besuche seines Vaters bei Inken in Broich (vgl. S. 12).

Im Unterrichtsgespräch können sich die Schülerinnen und Schüler dem Charakter Clothildes nähern. Ein Hinweis auf entsprechende Seitenangaben ist möglich: S. 10, 12, 21, 24, 27 ff.

■ *Beschreiben und diskutieren Sie, was über den Charakter Clothildes zu erfahren ist.*

Die Ergebnisse können von der Lehrperson an der Tafel gesammelt werden:

Charakterprofil Clothilde

- neidisch auf den Besitz der Familie
- frustriert über verlorenen Familienbesitz ihrer Eltern
- beruft sich auf ihre Herkunft
- bildungsfern
- niederes Sprachniveau
- intrigant
- …

starkes Geltungsbedürfnis, Wunsch nach Wiederherstellung ihres gesellschaftlichen Ansehens

---

Clothildes Angriffe auf Inken

Beim Zusammentreffen mit Inken Peters und Justizrat Hanefeldt, mit dem Clothilde gleiche Interessen verfolgt, zeigt sich deutlich ihr Anspruch auf ihren Status, den auch Hanefeldt Inken gegenüber stolz betont: „Sie wissen, vor wem Sie stehen, Inken? Frau Professor Dr. Wolfgang Clausen, die Frau Schwiegertochter des Herrn Geheimen Rats, deren Tante einmal die Herrschaft Broich, in der Sie jetzt Unterschlupf gefunden haben und die ich verwalte, besessen hat" (S. 21). Kontrastreicher in Inhalt und Sprache kann der Standesunterschied kaum formuliert werden: „Frau Professor" (Übernahme des Titels ohne rechtlichen Anspruch) vs. „diese Kleine" (S. 21), „Herrschaft Broich" vs. „Unterschlupf" (S. 21); Broich als ehemaliger Besitz der Tante, derzeitige Verwaltung durch Hanefeldt vs. Inken Peters, die als Nutznießerin betrachtet wird (vgl. S. 21). In diesem Zusammenhang äußert sich Clothilde abfällig: „Es heißt eben: Friss Vogel, oder stirb! Wer heute wählerisch sein will, geht vor die Hunde" (S. 21). Clothildes Urteil über Inken als „unweiblich" (S. 23) kann Hanefeldt nicht bestätigen (S. 23). Die Behauptung, Inken habe es „faustdick hinter den Ohren" (S. 23) korrigiert Hanefeldt: „Sie wollen vielleicht damit nur sagen, dass sie kein Dümmchen ist und damit, Paula, würden Sie recht haben" (S. 23).

Baustein 3: Die Personen im Drama

■ *Lesen Sie die Seiten 21–23. Untersuchen Sie das Verhältnis von Clothilde zu Inken. Beachten Sie dabei auch die Sprache.*

Clothildes Einstellung zu Inken

Clothilde …
- ist neidisch auf Inken
- ist wenig schlagfertig
- hat ein niedriges Sprachniveau
- denkt ausschließlich materiell

Äußerlichkeiten bestimmen ihren Charakter, Profitgier, Profilierungsdrang

---

■ *Sammeln Sie Begriffe und Ausdrücke, die den Sprachstil Clothildes verdeutlichen.*

Clothildes Angriffe auf Inken treten deutlich hervor. Neben Bettina und Klamroth eröffnet sie gleichsam das Feuer auf ihre Kontrahentin. Der saloppe Sprachstil („flotte Tänzerin", S. 21) und der Gebrauch von Redewendungen („Friss, Vogel, oder stirb! Wer heut wählerisch sein will, geht vor die Hunde", S. 21) lassen den Eindruck von Oberflächlichkeit sowohl in Sprache als auch Bildung entstehen. Dass sie die Schlagfertigkeit Inkens verblüfft, scheint daher nicht verwunderlich.

Clothildes Sprache

Redewendungen:
„Friss, Vogel, oder stirb!" (S. 21)
„Wer heut wählerisch sein will, geht vor die Hunde" (S. 21)
„[…] ich will deinen Samen mehren wie Sand am Meer" (S. 24)
…

Begriffe/Ausdrücke:
„flotte Tänzerin" (S. 21)
„Paprikaschote" (S. 11)
Bezeichnung der Mutter als „Hexe" (S. 65)
„verduften" anstelle von abreisen (S. 65)
…

unsachlich, umgangssprachlich, niedriges Sprachniveau

Clothilde offenbart sich selbst durch Reden und Handeln. Ihr intrigantes Spiel, eine erpresserische Postkarte an Inken zu schicken, unterstützt Hanefeldt, der das Ausmaß der Wirkungen wohl nicht abschätzen kann. Er enthüllt gegenüber Clothilde Einzelheiten über Inkens Vater. Sofort möchte sie den Schwiegervater darüber in Kenntnis setzen. Eine Verleumdung und eine erpresserische Postkarte sollen Inken und ihre Mutter zum Umzug veranlassen. Sie sollten sich „so schnell wie möglich davonmachen" (S. 51) und als „Verbrecherbande" (S. 51) eine neue Bleibe suchen. Frau Peters erhält eine zweite derartige Postkarte (vgl. S. 58).

Dass die Mutter das ihr angebotene Vermögen der Familie Clausen nicht annimmt, um gemeinsam mit Inken Broich zu verlassen, nutzt Clothilde zu übelster Anklage und unhaltbaren Unterstellungen. So äußert sie gegenüber Egmont: „Die Mutter, die Alte, müsst ihr aufs Korn nehmen. Die alte Hexe weiß, was sie will. [...] Die Tochter ist eben ihr Kapital, sie hofft noch ganz andre Dinge mit ihr herauszuschlagen ..." (S. 65).

Obgleich Clothilde die Wahrheit über Inkens Vater kennt, scheut sie nicht vor den schlimmsten Verleumdungen zurück.

Sie klagt selbst Steynitz, der über die Wahrheit informiert ist, als „Drahtzieher" (S. 66) an. Auch hier wird sie entlarvt. Diesmal von Egmont und Steynitz selbst (vgl. S. 66/67). Steynitz spricht vom „allerübelsten Gossenstile" (S. 67) und bezeichnet die anonymen Postkarten, die Frau Peters ängstigen, als „Dokumente menschlicher Schlechtigkeit" (S. 67). Clothilde muss sich die Konfrontation mit der Wahrheit gefallen lassen, „das Geschmier auf der [...] Postkarte" (S. 67) vertrete doch dieselbe Ansicht wie sie. Sie streitet ab, die Karte geschrieben zu haben, und sagt: „Solche Dinge wirft man doch einfach ins Kaminfeuer" (S. 67), wobei sie gleichzeitig – ohne es selbst zu merken – ihre Aussage für inhaltlich nichtig erklärt. Infolge dieser Enthüllung verspürt sie ein Unwohlsein und lässt sich – gleichsam kapitulierend – aufs Zimmer führen. Wolfgang ist derjenige, der ihr schließlich eine weitere Information über die Geschenke Clausens an Inken gibt und so einen neuen Konflikt initiiert (vgl. S. 68/69).

Hinzu kommt noch ein scheinhaftes Verehren der verstorbenen Schwiegermutter, das einer Vergötterung gleichkommt: „Sei mit uns! Sei mit uns! damit wir in deinem Geiste eng zusammenhalten wie ein Mann!" (S. 63).

Die Schülerinnen und Schüler werden nun aufgefordert, sich die inneren Vorgänge der Figuren innerhalb der Konstellationen Egmont – Clothilde und Steynitz – Clothilde bewusst zu machen. Jeweils ein Schüler/eine Schülerin versetzt sich in eine Figur und spricht in einer Art innerem Monolog (in eigener, privater Sprache) an das Publikum gerichtet, was die jeweilige Figur dem Rollentext entsprechend sagt. Hinter die jeweiligen Spielfiguren positioniert sich ein „Hilfs-Ich", das an entsprechenden Stellen die inneren Vorgänge dieser Figur dem Publikum mitteilt. An welchen Stellen der Rollentext durch den Kommentar des Hilfs-Ichs unterbrochen wird, entscheidet die jeweilige Figur, indem sie eine deutliche Redepause einlegt.

- *Lesen Sie die Seiten 65 – 66 und 67 – 68. Präsentieren Sie das Gespräch zwischen Egmont und Clothilde bzw. zwischen Steynitz und Clothilde. Machen Sie die inneren Vorgänge der Figuren bewusst, indem Sie ein Hilfs-Ich einsetzen.*
- *Diskutieren Sie Ihre Ergebnisse und halten Sie diese schriftlich fest.*
- *Wie wird Clothilde durch Egmont und Steynitz charakterisiert?*

Die Charakterisierung Clothildes durch Egmont und Steynitz lässt sich wie folgt darstellen:

Darstellung Clothildes durch

Steynitz
- „hat Haare auf den Zähnen" (S. 12)
- bedient sich des „allerübelsten Gossenstile[s]" (S. 67)

Egmont
- hat „danteske Fantasien" (S. 65)
- sieht entsetzliche Raffinements (vgl. S. 65)

➜ **charakterlich gekennzeichnet durch „menschliche Schlechtigkeit" (S. 67) bei gleichzeitiger Widerspiegelung im sprachlichen Ausdruck**

Wolfgang

Der Sohn Wolfgang tritt auf als eine Person, die – im Gegensatz zu seiner Frau – zunächst in Bezug auf Inken unbefangen und unvoreingenommen erscheint. Daher ist es auch nicht verwunderlich, dass er die psychisch-menschliche Situation, in der sich sein Vater befindet, grundsätzlich nicht reflektiert und kein altruistisches Interesse an dessen Lebensumständen zeigt. Stattdessen folgt er der Richtschnur Klamroths im Vertrauen auf dessen Kompetenz als Geschäftsmann.

Familienangelegenheiten interessieren ihn nur, wenn er eigene Zwecke verfolgen und seine Machtposition steigern kann. Ansonsten möchte er seine Ruhe haben (vgl. S. 64); als Lehrer achtet er auf seinen guten Leumund. Aus diesem Grund möchte er mit „den Töchtern von Zuchthäuslern" (S. 65) nicht an einem Tisch sitzen.

Wolfgangs materielle Ausrichtung wird deutlich, als er seiner Frau mitteilt: „[D]er Schmuck unserer Mutter geht allmählich an Vaters Verhältnis über" (S. 68). Missachtung gegenüber der Person Inken Peters und grundsätzliche Verachtung sprechen aus dieser Formulierung. Auch die Nachfrage nach dem Immobilienkauf des Vaters (vgl. S. 69) zeigt sein materielles Denken. Beim Familienfrühstück veranlasst er schließlich, das Gedeck, das für Inken gedacht ist, zu entfernen; er hält seinen Vater für vermindert zurechnungsfähig (vgl. S. 70). Der folgende Arbeitsauftrag ist als vorbereitende Hausaufgabe gedacht:

■ *Lesen Sie die Seiten 64–74. Entwerfen Sie ein Charakterbild Wolfgangs.*

Charakter Wolfgangs

- Sorge um das Ansehen des Vaters im Sinne Klamroths
- handelt unreflektiert
- bekundet heuchlerisch seine Liebe zur Mutter (vgl. S. 68)
- möchte den Schlosskauf des Vaters rückgängig machen (vgl. S. 70)
- bezeichnet seinen Vater als „nicht mehr zurechnungsfähig" (S. 70)
- veranlasst, Inkens Gedeck zu entfernen (vgl. S. 70)

➡ **materiell denkend und karriereorientiert**

3.4 Ottilie und Erich Klamroth – „Die verwöhnte Glashauspflanze" und der „Bierkutscher" (S. 12)

Der Schwiegersohn Clausens wird je nach Ansicht der Familie und Gäste unterschiedlich beurteilt. Wuttke bezeichnet ihn als einen „richtigen Bierkutscher" (S. 12), während der Oberbürgermeister von „herzquickende[m] Freimut" (S. 18) spricht. Über die moralische Sphäre erfährt der Zuschauer durch Inken, der Klamroth „widerlich" (S. 20) erscheint. Matthias Clausen weiß auch um die Verhältnisse seines Schwiegersohns, den er als „plumpen Kerl" (S. 31) bezeichnet, der zudem seine Tochter Ottilie mit Worten stündlich verletze, und der als absoluter „Businessman" (S. 31) gilt. Clausens Einstellung zu Klamroth ist eindeutig: „Mir gefällt er nicht" (S. 31). Der Schwiegersohn ist jedoch „für den Fortgang von Handel und Wandel notwendig" (S. 31), Clausens Verhältnis zu ihm offenbar gut (vgl. S. 31), doch Clausen sieht „hell und grell" (S. 31), dass sein „ganzes schönes geistiges Lebenswerk unter seinen [sc. Klamroths] unentrinnbaren Händen garstiger Ungeist" (S. 31) wird.

Geiger erscheint hier realitätsnäher, indem er sagt: „[…] die neuere Zeit sieht mehr und mehr ihren einzigen Zweck im Profitmachen" (S. 31); er sehe „in der Akquisition eines solchen Schwiegersohnes, nach dem die Stadtväter schon ihren Köder auswerfen, einen Glücksfall" (S. 31) für die Familie Clausen. Clausen kann die Sichtweise seines Freundes nicht teilen, denn, so sagt er: „ich brauche nur flüchtig an ihn zu denken – und ich sehe sofort den Lauf einer Waffe auf mich gerichtet" (S. 32).

Auch Klamroth selbst offenbart sich durch seine Äußerungen. Die Ehrung seines Schwiegervaters verpasst er. So wünscht er aber, auf dem Familienfest von Anfang an dabei zu sein. „Ich muss dabei sein, weil ich schwarzsehe. Ich muss wissen, was vorgeht, damit wenigstens das Schlimmste vermieden wird. Die Clausenschen Schwärmereien und Gefühlsduseleien werden allmählich lebensgefährlich" (S. 61). Zu seiner Frau, die ihn beruhigen möchte, sagt er schließlich: „Ihr habt keine Ahnung von der Zeit, ihr säuselt immer in höheren Sphären. Auf unsereinen sieht man herab" (S. 62). Die „philosophischen Tischreden" (S. 61) des Vaters möchte er ebenso wenig hören wie das „professorale Getue" (S. 61) Wolfgangs.

Die Denkweise Klamroths zeigt sich bei der Eskalation auf dem Familienfest. Grundsätzlich, so sagt er, könne er „für das Ganze […] gutstehen" (S. 78). Er wisse, was er zu tun habe. Und schließlich sagt er, seine Stellung im Betrieb habe seinen „unerschütterlichen Willen als Grundlage" (S. 78). Diese Äußerung der Willensstärke nutzt Clausen, um ihn provokativ nach seinen Anwälten zu fragen (vgl. S. 78).

- *Lesen Sie die Seiten 12–13, 31–32, 59–62 und 76–78. Wie wird Klamroth aus der Sicht der verschiedenen Personen dargestellt? Wie erklären Sie sich die unterschiedlichen Darstellungen?*
- *Welches Charakterbild entwirft Klamroth von sich selbst?*
- *Wie würden Sie den Charakter Klamroths beschreiben? Wie wirkt er auf Sie?*

Klamroth

- herzerquickend
- hintergeht seine Frau
- emotionslos
- nüchtern, sachlich
- machtbesessen
- lebt fern von humanitärer Bildung

→ **berechnender, inhumaner Geschäftsmann; hat ein gespanntes Verhältnis zu seinem Schwiegervater**

Das Verhalten Klamroths kann im Einzelnen in arbeitsteiliger Gruppenarbeit erarbeitet werden:

- *Beschreiben Sie Clausen Verhältnis zu Klamroth (S. 12–18).*
- *Beschreiben Sie Klamroths Verhalten bei der Festtafel (S. 59–62, S. 70–71).*

Anders als Klamroth tritt seine Ehefrau Ottilie auf. Als Kind war sie oft kränklich, sie hat den Eltern „in den ersten Jahren viel Sorge gemacht" (S. 18). Sie erscheint eher gebrechlich und bleich. Clausen selbst beschreibt sie als empfindsam, „die sich verfärbte bei einem zu lauten Wort" (S. 31). Im Drama selbst tritt sie kaum in Erscheinung. Dort, wo sie präsent ist, zeigt sie sich ihrem Ehemann gegenüber überaus devot und ist stets darauf bedacht, dass er innerhalb der Familie zufrieden ist.

Baustein 3: Die Personen im Drama

   Lesen Sie die Seiten 60–70. Entwerfen Sie ein Charakterbild Ottilies.

> **Ottilie**
> - war kränklich als Kind
> - verhält sich ihrem Mann gegenüber devot
> - ist um ihren Mann bemüht
> - …
>
> → **hat wenig Selbstvertrauen, ist abhängig von ihrem Mann**

3.5 Bettina – „Nichts mehr kann ich begreifen – ich bin wie irrsinnig" (S. 74)

Schwärmerisch, mit verklärtem Ausdruck glaubt sie an ihr Vermächtnis, das sie von der Mutter übernommen hat; diese habe ihr den Vater geradezu überantwortet (vgl. S. 9). Von Clausen wird sie als „gutes Herz" (S. 17) charakterisiert, das ihm „über manche Krise hinweggeholfen hat" (S. 17).

Sie betont die Anwesenheit der verstorbenen Mutter: „Ich bin gewiss, dass Mutter von oben auf uns herabsieht" (S. 24). Außerordentlich besorgt um den Vater möchte sie an dem Gespräch zwischen ihm und Geiger teilnehmen (vgl. S. 25). Die abgöttische Liebe zu ihrem Vater ist krankhaft. Sie hat mystische Träume und neigt zum Okkultismus (vgl. S. 28). Sowohl Geiger als auch der Geheimrat scheinen die Neigungen Bettinas nicht ernsthaft – im Sinne Bettinas – zu berühren. Dem Geheimrat selbst sind sie „peinlich" (S. 28), Geiger urteilt, dass „[d]as Seelenleben alternder Mädchen, die körperlich etwas zu kurz gekommen" seien, „mitunter seltsame Blüten" (S. 28) treibe.

Ihr Besuch beim Pastor in Broich ist die Reaktion auf den Streit mit dem Vater um den an Inken verschenkten Ring der Mutter. Dabei setzt sie den Pastor als Schnüffler ein (vgl. S. 39).

Richtig urteilt dieser: „Bettina lebt nur für ihren Vater. Irgendetwas anderes existiert eigentlich für sie nicht" (S. 39).

Die Instrumentalisierung des Pastors und das Anliegen Bettinas sollen im Folgenden erarbeitet werden.

  Lesen Sie die Seiten 37–41. Notieren Sie stichpunktartig, was Bettina dem Pastor mitgeteilt haben könnte.

  Versetzen Sie sich in die Situation Bettinas nach dem Streit mit ihrem Vater. Schreiben Sie einen Brief an eine Freundin/einen Freund, in dem Sie Ihre Befindlichkeiten mitteilen.

  Wie beurteilen Sie das Verhalten des Pastors?

Bettina ist argwöhnisch und krankhaft eifersüchtig. Dahinter verbirgt sich eine existenzielle Angst, ihren Vater zu verlieren, der ihr Zufluchtsort ist und der ihr gewissermaßen Halt in einem verklärten okkulten, mystischen Raum gibt. Diese Angst treibt sie an, eine gewisse Kontrolle über den Bestand an Schmuck ihrer verstorbenen Mutter auszuüben. Der von ihr bemerkte Verlust eines Ringes lässt in ihr den Verdacht aufkommen, ihr Vater habe ihn Inken geschenkt. Bettina instrumentalisiert Pastor Immoos, der durch seine Intervention bei Frau Peters eine Diskussion zwischen ihr und Inken über mögliche erhaltene Geschenke des Geheimrats auslöst.

Der Zuschauer erfährt von dem Anliegen Bettinas in dieser Situation nur durch das Gespräch des Pastors mit Inkens Mutter, nicht aber von ihr selbst.

■ *Lesen Sie die Seiten 39–41. Welche Gründe führen Bettina zu Pastor Immoos?*

Die Ergebnisse lassen sich in folgendem Tafelbild zusammenfassen:

Bettinas Argwohn

Anlass: Verlust des Ringes
Handlung: Bitte um Intervention des Pastors zur Klärung des Verlusts
Grund: Existenzangst (Verlust des Vaters)

➡ **Handeln aus einem egoistisch-krankhaften Motiv; unfähig, selbst offen zu agieren**

Die psychische Disposition Bettinas bestimmt ihr Verhalten zu Inken.

3.6 Handeln aus Liebe oder aus Vernunft? – Inkens Gespräch mit ihrer Mutter
„Du hast eine Tochter, die dir entwachsen ist" (S. 49)

Wie selbstbewusst Inken ist, zeigt sich im Gespräch mit ihrer Mutter und mit Clausen über ihre Beziehung zueinander.
Zunächst geht es nach der Intervention des Pastors bei Frau Peters um das sich anschließende Gespräch mit der Mutter. Entschlossen, unbeeinflusst von den Einwänden ihrer Mutter, verteidigt Inken ihre Beziehung zu Clausen. „Ach Mutter, wenn du mir wieder wegen der berühmten Sache, für die ich doch nicht kann, in den Ohren liegen willst, möchte ich mich lieber nicht zu dir setzen" (S. 47), erklärt sie ihrer Mutter. Das Misstrauen der Mutter dem Siebzigjährigen gegenüber kann sie nicht teilen. Mit heftiger Drohung antwortet sie: „Wenn ich ihn nicht zum Mann kriege, werd' ich mich totschießen […]. Der Geheimrat hat mich verändert. Würde ich neunzig Jahre alt, ich vergesse ihn nicht! Es bliebe mir unverlierbar, was er mir gegeben hat" (S. 48). Auf das Nachfragen der Mutter, ob sie etwas „in dieser Angelegenheit" (S. 49) geheimhalte, sagt sie: „Nicht nur etwas, natürlicherweise. Mit vollem Recht, denn es ist ganz meine eigene Sache" (S. 49).
Während die Mutter deutlich als Problem in dieser Beziehung neben dem Altersunterschied die gesellschaftlichen Ungleichheiten sieht („Eher könnte er jede Prinzessin heiraten, wogegen du, verzeih mir, doch nur so was Ähnliches wie ein besseres Kindermädchen bist!", S. 48; „kleines, unbedeutendes Frauenzimmerchen", S. 49), sieht Inken offenbar die ideellen, geistigen Werte, die nicht mit Geld aufzuwiegen sind.
Entschieden sagt sie schließlich zur Mutter: „[D]u hast eine Tochter, die dir entwachsen ist" (S. 49).
Die Argumentation der Mutter bewegt sich auf zwei Ebenen: auf der gesellschaftlich-sozialen (Kindermädchen – Geheimrat) und damit verbunden auf der materiellen Ebene und der emotionalen Ebene (Beziehung zu ihrer Tochter). Sie möchte Inken nicht ausgenutzt wissen. Dort, wo ihre Tochter betroffen ist (Beziehung zu einem Siebzigjährigen), reagiert Frau Peters überaus sensibel. Wenig distanziert äußert sie sich demzufolge auch sprachlich: „Jawohl, er

schwärmt: er will einfach sein Techtelmechtel mit dir! Lehre du mich diese alten Sünder kennen: ich weiß zu erzählen von der Welt!" (S. 48). Aus ihr spricht Lebenserfahrung. Pauschale Urteile rücken an die Stelle einer differenzierten Betrachtung der Sachlage. Vor dem Hintergrund dieser (erotischen) Beziehung zwischen ihrer Tochter und einem Siebzigjährigen spielt die Position des Geheimrats, die gesellschaftliche Stellung des Freundes ihrer Tochter, keine Rolle, sondern es geht grundsätzlich um menschliches Verhalten. Frau Peters zeigt aufrichtige Sorge um ihre Tochter: „Du bist mir schließlich zu gut, um nur so ein Leckerbissen für einen übersättigten alten Lebemenschen zu sein. Es ist ja bekannt, wohin sie gewöhnlich entarten" (S. 48).

Dass ihre Tochter erwachsen ist, spürt die Mutter auch, als Inken die Todesursache ihres Vaters erwähnt. Der Sanitätsarzt Steynitz hat Inken inzwischen über den Justizirrtum informiert.

■ *Lesen Sie die Seiten 46–51. Vergleichen Sie die Ansichten Inkens mit denen der Mutter über die Beziehung zum Geheimrat.*

Aus der Sicht der Mutter scheint Inken dem Größenwahn verfallen, zumal sie durch das Gespräch mit dem Pastor glaubt, Inken habe Geschenke und kostbaren Schmuck von Clausen angenommen (vgl. S. 49).

Die Mutter ist unruhig, empört und aufgelöst (vgl. Regieanweisungen, S. 49, 50).

Beziehung zum Geheimrat aus der Sicht

der Mutter
- Ausnutzung durch einen „alten […] Herrn" (S. 48)
- unmögliche Verbindung: Kindermädchen – Geheimrat

↓

Ablehnung der Beziehung
- Verantwortung als Mutter
- unpassende gesellschaftliche Positionen

der Tochter
- Aufwertung des eigenen Lebensgefühls
- gesellschaftliche Verhältnisse spielen keine Rolle (vgl. S. 48)

↓

Befürwortung der Beziehung
- psychisches Wohlbefinden
- „Liebe"

Zu Beginn des Gesprächs scheinen Inken und ihre Mutter aufgrund ihrer Meinungsverschiedenheiten im Streit auseinanderzugehen. Das Verhältnis zwischen beiden scheint eher gespannt, weil unterschiedliche Sichtweisen und Lebensanschauungen aufeinandertreffen. Die Bedenken der Mutter versucht Inken durch Betonung ihres eigenen Willens, ihrer klaren Vorstellungen von ihrer geistigen und wohl auch emotionalen Bindung zu Clausen zu zerstreuen: „Du kennst mich nicht und, vor allem, kennst den Geheimrat nicht" (S. 48).

■ *Inwiefern stimmen Sie der Ansicht der Mutter, inwiefern der Ansicht Inkens zu?*

Das Gespräch zwischen Mutter und Tochter nimmt eine Wende, als Inken ihr die erpresserische Postkarte, die sie offenbar von Clothilde bekommen hat, zeigt. Hier wird sie mit ihrer Mutter als „Verbrecherbande" (S. 51) bezeichnet und aufgefordert, Broich zu verlassen. Fassungslos verlässt die Mutter den Garten und eilt in das Haus.

Die unglückselige Situation wird hier der Mutter bewusst. Ihr Ausruf „Inken, wir sind von Feinden umgeben" (S. 51) wird sich bestätigen.

Die Tochter ist diejenige, die aus einer Situation heraus, die nicht geplant war, initiativ geworden ist; deshalb kann sie sagen: „Es ist doch nur gut, Mutter, dass nun nichts mehr zwischen uns ist. Warum soll ich nicht ebenso klar wie du sehen?! Du kannst dich doch jetzt auch mehr aussprechen, wenn es dir ein Bedürfnis ist" (S. 51).

> *Diskutieren Sie die Reaktion der Mutter auf die von Inken präsentierte Postkarte: „Inken, wir sind von Feinden umgeben!" (S. 51).*

3.7 Gewissenskonflikt: Gefühl und Vernunft – Clausen im Gespräch mit Inken „Die Romantik ist aus der Welt" (S. 53)

Ein vorausgehender Streit zwischen Vater und Tochter Bettina, der sich am Ring der Mutter entzündet hat, veranlasst Clausen, Inken in Broich zu besuchen. Aus dem Gerede von einer Beziehung zwischen beiden ist eine Tatsache geworden. „So ist denn wohl unsere Beziehung ortskundig. Freilich ist die Fama der Tatsache weit vorausgeeilt, obschon sie nun recht behalten hat" (S. 57), bemerkt er treffend.

Kritisch sieht Clausen die Beziehung zu Inken. Obgleich er längere Zeit auf Distanz zu ihr gehen wollte, ist es ihm nicht gelungen. „Ja, Inken ich wollte drei Tage fortbleiben … ich wollte sogar viel länger fortbleiben. Es ging aber eben wie meistens mit guten Vorsätzen: ich bin wieder hier, und Sie werden denken: nicht einmal auf lumpige zwei, drei Tage wird man diesen siebzigjährigen Quälgeist los" (S. 52).

Nach gemeinsamem Lesen der Seiten 52–57 wird die Ausgangssituation (Clausen in Broich) geklärt. Der Besuch Bettinas bei dem Pastor aus vergleichbarem Anlass kann hier noch einmal herangezogen werden. Zunächst lassen sich im Unterrichtsgespräch folgende Fragen diskutieren:

> *Warum besucht Clausen Inken in Broich? In welcher psychischen Verfassung befindet sich Clausen?*
>
> *Beschreiben Sie die Positionen/Aussageabsichten von Clausen und Inken. Welche Reaktionen werden jeweils sichtbar?*
>
> *Wie bewerten Sie die Empfindungen der Gesprächspartner dem jeweils anderen gegenüber?*

Das Glockengeläut anlässlich der Taufe deutet Clausen als Hochzeitsglocken; vielleicht ein Hinweis auf seine Gedanken an sein Alter, an seine eigene Hochzeit, an seine unausgesprochene Vorstellung, ein neues Leben (mit Inken) beginnen zu können bzw. zu wollen. „Die Romantik ist aus der Welt: um Sie herum, Inken, steht sie jedoch noch in voller Blüte" (S. 53), ist seine Reaktion auf das Geläut.

Es entsteht der Eindruck, dass Clausen auf eine ihn als Person ablehnende Äußerung Inkens wartet, um die Situation in deutliche Bahnen zu lenken. Durch seine Äußerung, Inken sei noch jung und habe noch Zeit für Romantik, bewirkt er das Gegenteil. Sie möchte nicht, wie Clausen von sich sagt, „nichtsnutzig" (S. 53) sein, sondern menschliche Fürsorgepflicht erfüllen. Wenn sie sich dennoch „nichtsnutzig" (S. 53) fühlt, liegt das an ihrer Situation: „Das ist man, wenn man jemandem, den man gern hat, ohne die dazugehörigen Kräfte helfen will. Man fühlt sich da manchmal überflüssig" (S. 53). Inken spürt ihre Machtlosigkeit und Handlungsbeschränkung, besonders der Familie gegenüber, die sie am Handeln hindert.

"Geduld" (S. 53), die der Geheimrat immer wieder betont und fordert, kann sie nicht uneingeschränkt akzeptieren. Allein auf Geduld, sagt sie, komme es nicht an (vgl. S. 53). Für sie wie für Clausen gibt es nur eine Alternative: Leben oder Untergang: "Bis die Welt sich auftut oder mein Urteil gesprochen und die Kerkertür geschlossen ist" (S. 53). Sie wünscht sich rasches Handeln, um ihre Lebensplanung eindeutig bestimmen zu können. Die häusliche Enge in Broich scheint sie zu erdrücken. Sie stellt sich ein der Welt zugewandtes Leben vor, so wie sie es durch den Geheimrat kennengelernt hat. "Der Geheimrat hat mich verändert" (S. 48); diese Veränderung entspricht genau ihrer Lebensvorstellung.

Exkurs: Symbolwert der Orte

Der Besuch in Broich verbessert Clausens psychisches Wohlbefinden. "Ich war nicht sehr auf dem Damm in jüngster Zeit – vom täglichen Ärger abgesehen: seit ich den Kies Ihres Gärtchens unter meinem Fuß knirschen höre, ist mir erheblich besser zumut. – Ich bin eben immer noch sehr von Ihnen abhängig" (S. 52/53). Diese innere Abhängigkeit beruht auf Gegenseitigkeit. Schloss Broich ist ein symbolischer Ort, der für Frieden und Eintracht, psychisches Wohlbefinden und Menschlichkeit steht. Aus gutem Grund kann Frau Peters über das Befinden des Geheimrats sagen: "Wenn er bei mir und Inken ist, kann man von einer Krankheit nichts merken" (S. 40). Inken selbst bittet Geiger, Clausen aus der Umgebung, "die einen schlechten Einfluss auf ihn" (S. 89) ausübt, fortzubringen. Kontrastiv dazu ist das Leben in der Villa des Geheimrats gestaltet, in der die Harmonie durch Uneinigkeit und Streit abgelöst wird.

- Erklären Sie folgende Aussagen Clausens:
  "[S]eit ich den Kies Ihres Gärtchens unter meinem Fuß knirschen höre, ist mir erheblich besser zumut" (S. 53).
  "Die Romantik ist aus der Welt: um Sie herum, Inken, steht sie jedoch noch in voller Blüte" (S. 53).

- Beschreiben Sie die Bedeutung des Schlosses Broich für Matthias Clausen.

Schloss Broich als symbolischer Ort für Clausen

- sorgt für Wohlbehagen
- ist verknüpft mit den dort lebenden Personen
- bedingt psychisches Gleichgewicht
- …

➡ **Ort des inneren Friedens und der Eintracht; geprägt durch ideelle Werte**

Wird die Symbolik des Gartens über den Text hinaus in Betracht gezogen (vgl. **Arbeitsblatt 9**, S. 67), steht er als Sinnbild für das Paradies und den sündenfreien Urzustand ebenso wie für das ungekünstelte, natürliche Dasein des Menschen. Dieser öffnet sich dort der Sprache des Herzens, in der sich die Gefühle mitteilen. Der Garten stellt einen Schutz- und Erholungsraum dar, in den sich Menschen zurückziehen, um sich selbst zu finden oder sich von ihren Pflichten zu entspannen. Er ist deshalb ein Hort der Freiheit gegen Zwang und Unterdrückung.
Die Schülerinnen und Schüler erarbeiten die Symbolik des Schlosses Broich und der Villa des Geheimrates in drei Schritten:

Baustein 3: Die Personen im Drama

Zunächst formulieren sie zu den Szenenanweisungen zu Beginn des ersten, dritten und vierten Aktes (S. 9, S. 58, S. 81) und des zweiten und fünften Aktes (S. 36, S. 103) ihre Vorstellungen, die sie damit verbinden. Die Äußerungen können auf einer OHP-Folie gesammelt werden. Anhand der notierten Äußerungen wird untersucht, welche Personen sich im Stadthaus wohlfühlen, welche es zum Schloss Broich zieht und was sie dort jeweils schätzen. Schließlich erkunden die Schülerinnen und Schüler die über das Drama hinausreichende Symbolik des Gartens anhand des **Arbeitsblattes 9**, S. 67.

- *Was verbinden Sie mit den Orten, wie sie in den Szenenanweisungen zu Beginn der jeweiligen Akte (S. 9, S. 58, S. 81 und S. 36, S. 103) beschrieben sind?*
- *Lesen Sie die Seiten 16, 33, 58, 63, 107, 120 und die Seiten 37, 39, 49, 117. Stellen Sie fest, was die Personen an den Orten attraktiv finden, an denen die Unterhaltungen stattfinden. Wer möchte im Stadthaus und wer möchte in Broich bleiben?*
- *Welchen Ort würden Sie Inken zuweisen? Begründen Sie Ihre Entscheidung.*
- *Bearbeiten Sie das Arbeitsblatt 9.*

Der erste Akt spielt im Bibliotheks- und Arbeitszimmer des Geheimrates Clausen, das in der Regieanweisung detailliert beschrieben wird (vgl. S. 9). Dieser Ort wird dargestellt als ein Ort des Wohlstandes, der Gelehrsamkeit und Bildung (vgl. S. 16), als ein Platz öffentlicher Anerkennung, aber auch als Ort der Intrigen und egoistischen Interessen. „Bücher", eine „Büste von Marc Aurel", „große Globen" und ein „Mikroskop" (S. 9) sind ebenso Zeugnis eines Gelehrten wie die eines gesellschaftlich orientierten Menschen. Dieser Raum steht in deutlichem Gegensatz zum Schauplatz am Beginn des zweiten und fünften Aktes, dem „Park von Schloss Broich" (Regieanmerkung, S. 36). Die hier lebenden Personen Gärtner Ebisch, Frau Peters und die Kinder des Kindergartens leben in natürlicher Umgebung, in einer ungezwungenen, friedvollen, vom gesellschaftlichen Treiben freien Atmosphäre. Die unterschiedlichen Räume, das Stadthaus Clausens und Schloss Broich, gewinnen in Bezug auf das Verhalten und die Gefühle, das Sich-Wohlfühlen sowohl von Clausen als auch von Inken Peters, an Bedeutung.

Während sich Matthias Clausen zunächst noch vorstellen kann, Inken in sein Stadthaus aufzunehmen, fühlt sich die junge Frau seit ihrem ersten Besuch in diesem Haus unwohl. Umgekehrt findet Matthias Clausen in Schloss Broich einen Zufluchtsort und seinen inneren Frieden.

So sind den Personen nicht nur bestimmte Räume zugeordnet, in denen sich ihr Wesen spiegelt, sondern die bevorzugten Orte bringen bereits in diesem frühen Stadium des Dramas den Gegensatz zwischen Matthias Clausen, Inken Peters und deren Familien zum Ausdruck.

Die Ergebnisse können in folgendem Tafelbild gesammelt werden:

Baustein 3: Die Personen im Drama

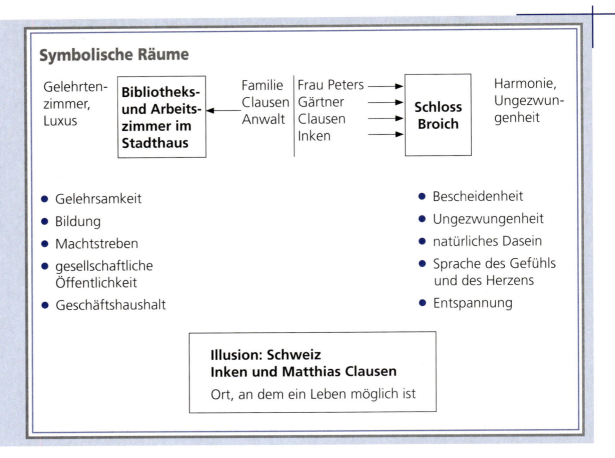

3.8 Das Familienfest: Inken als Fremdkörper (S. 59–73)
"[A]ber ich fürchte mich vor der Familientafel" (S. 58)

Matthias Clausen hat seine Familie zum gemeinsamen Frühstück eingeladen. Während sich die Familie vor Beginn des Frühstücks sammelt und sich zunehmend abwertend über Inken und das verschwenderische Handeln des Vaters austauscht, wird Inken von Steynitz durch die Villa geführt. Beide Handlungen verlaufen also parallel. Aus diesem Grund erfährt Inken nichts von den Gesprächen über sie; Inken wiederum verspürt durch die Informationen Steynitz' eine innere Abneigung gegen die verstorbene Frau Clausen.
Inkens Entwicklung und Befinden sind abhängig von der Beziehung der einzelnen Familienmitglieder zu ihr. Ihre Stellung innerhalb der Familie verläuft konträr zu ihrem Verhältnis zum Geheimrat. In gleicher Weise, wie sich ihr Verhältnis zum Geheimrat intensiviert, verschlechtert sich ihre Position in der Familie.
Die Schülerinnen und Schüler erhalten zunächst folgenden Arbeitsauftrag:

> *Beschreiben Sie das Gestaltungsprinzip der Familienszene vor dem Frühstück (S. 59–71). Entwerfen Sie eine Strukturskizze.*

56

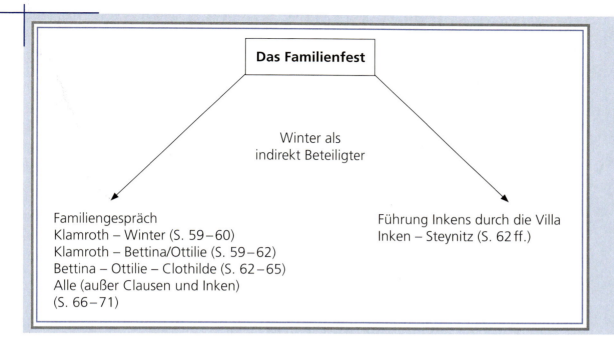

Unter den Familienmitgliedern entzündet sich zunächst eine heftige Diskussion über eine ihnen unbekannte Person im Haus und in diesem Zusammenhang über die Anzahl der Gedecke auf dem Tisch, die nicht der Anzahl der Personen in der Familie entspricht. Die Familie vermutet Inkens Gegenwart und sorgt deshalb dafür, dass dieses Gedeck entfernt wird. Das Verhalten der Familienmitglieder Inken gegenüber kommt einer Verschwörung gleich.

Die Ansichten der Familienmitglieder über Inken erfährt der Zuschauer von jedem Einzelnen auf der Familienfeier, während Inken davon zunächst verbal nichts mitbekommt. Sie wird von Sanitätsrat Steynitz durch das Haus geführt und hört dabei Einzelheiten über die Frau des Geheimrats. Die Äußerungen Steynitz' über Frau Clausen lösen bei Inken Angst aus: „Vor dieser Frau habe ich Angst […] Da kann man sich freilich recht nichtig vorkommen" (S. 62/63).

Vor dem Hintergrund ihrer bisherigen Textkenntnisse – auch im Rückgriff auf Baustein 1 – können die Schülerinnen und Schüler in dieser Szene ihr Wissen vertiefen. Sie erkennen die Funktion dieser Szene als bedeutungstragende Einheit und deuten das Geschehen als thematische Zuspitzung im Hinblick auf die Katastrophe des Dramas.

In arbeitsteiliger Gruppenarbeit kann der erste Teil des Familienfrühstücks – bis zu Inkens fluchtartigem Verlassen des Hauses – (S. 59–73) erarbeitet werden. Insgesamt werden drei Schwerpunkte vorgeschlagen:
- Inken wird als Eindringling empfunden (S. 59–62)
- Verleumdungen und Anklagen – Frau Peters und Inken im Visier der Familie (S. 64–70)
- endgültige Absage der Familie an Inken (S. 71–73)

Die Schülerinnen und Schüler erhalten – in Gruppen aufgeteilt – folgenden Auftrag, der arbeitsteilig als Hausaufgabe oder in Gruppenarbeit erledigt werden kann:

> ■ *Erarbeiten Sie stichpunktartig die Ereignisse in dieser Szene. Heben Sie die Kernaussagen, die die Missachtung Inkens befördern, hervor.*
> - *Gruppe 1: S. 59–63*
> - *Gruppe 2: S. 64–70*
> - *Gruppe 3: S. 71–73*

Folgende Aussagen könnten stichpunktartig vorgestellt werden:

Klamroth vermutet Inken Peters im Haus (vgl. S. 59) und möchte über die Häufigkeit ihrer Besuche unterrichtet sein (vgl. S. 60); er erhält keine präzise Antwort und zählt die Gedecke auf dem Tisch (vgl. Regieanmerkung, S. 60). Er weist Bettina und Ottilie auf die mögliche Anwesenheit Inkens hin (vgl. S. 60).

Bettina unterstützt Clothildes Verehrung für die verstorbene Mutter (vgl. S. 63).

Ottilie spricht zu Wolfgang vom „größten Affront" (S. 64) in Bezug auf die Anzahl der Gedecke; Clothilde verleumdet Frau Peters und Inken; Bettina berichtet Wolfgang flüsternd von Geschenken an Inken. (Wie man später auch von Bettina erfährt, war es ein Ring.) Wolfgang betont: „Vater hat Ringe und Schmuckstücke weggebracht und sie diesem Mädchen überantwortet. Ringe und Schmuckstücke der seligen Mama!" (S. 68). Ottilie verzweifelt „an dem gesunden Menschenverstand" (S. 69) ihres Vaters.

Die Behauptung Ottilies, Inken trage „bereits ihre (sc. Mutter) Ringe, Spangen und Armbänder" (S. 69), sorgt für Irritation und Aufruhr. Wolfgang möchte den Schlosskauf des Vaters rückgängig machen. Egmont provoziert Bettina, indem er ironisch und bissig den „alten Familienschmuck" (S. 69) als Geschenk an Inken erwähnt; ebenso ironisch konstatiert er: „Papa ist wahnsinnig" (S. 70). Ottilie stellt fest, nur die „Hälfte" (S. 70) des Schmuckes sei noch vorhanden. Klamroth spricht von „anderen Engagements" (S. 70), die das gesamte Vermögen gefährden. Er nennt diesen Zustand „mangelnde oder verminderte Zurechnungsfähigkeit" (S. 70), dieses bestätigt Wolfgang (vgl. S. 70). Clothilde möchte das Gedeck entfernt wissen, Wolfgang veranlasst es schließlich.

Nach der Ergebnispräsentation und einem Austausch darüber im Unterrichtsgespräch können Ideen zur strukturellen Veranschaulichung der Ergebnisse geäußert werden. Folgende Aufträge sind dazu denkbar:

- *Welche Möglichkeiten sehen Sie, Ihre Ergebnisse schriftlich zu fixieren?*

- *Stellen Sie den Gesprächsverlauf grafisch dar. Nutzen Sie dazu die Gruppenarbeitsergebnisse.*

Baustein 3: Die Personen im Drama

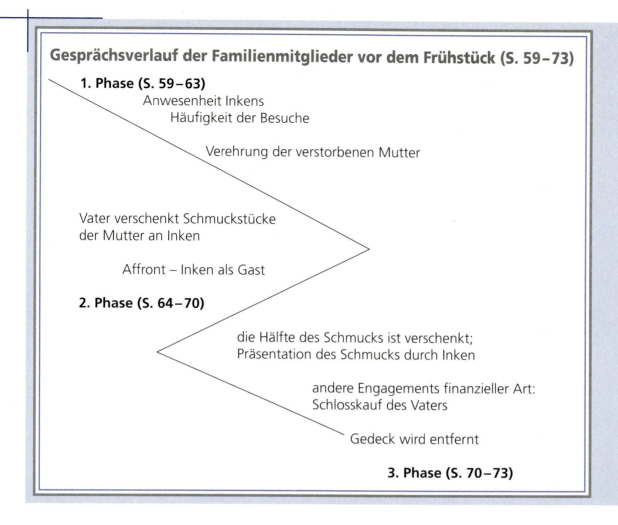

Im Anschluss an diese Phase sollen die Schülerinnen und Schüler nun das Auftreten des Geheimrates mit Inken beurteilen. Zur Erarbeitung bietet sich eine Gruppenarbeitsphase an und ein anschließender Austausch im Plenum. Die Schülerinnen und Schüler erhalten folgenden Auftrag:

■ *Erarbeiten Sie das Auftreten des Geheimrates und Inkens. Lesen Sie dazu die Seiten 71–73.*
Beziehen Sie folgende Kriterien in Ihre Überlegungen mit ein:
- *Beschreiben und bewerten Sie das Verhalten Clausens zu Beginn der Mahlzeit.*
- *Welche Ereignisse führen dazu, dass Inken das Haus verlässt?*
- *Beurteilen Sie die Einführung Inkens in die Familie zu Beginn des Frühstücks.*
- *Beschreiben Sie, wie Inken mit den häuslichen Gegebenheiten bekannt gemacht wird. Welche Empfindungen hat Sie Ihrer Meinung nach dabei?*

Scheinbar unbefangen – auch Clausen weiß nichts über den Inhalt der Gespräche seiner Kinder – begrüßt er seine Familie zum Familienfest. Tatsächlich aber ist er befangen und innerlich bewegt. Unvermittelt konfrontiert er seine Familie mit den Worten: „Ich habe uns Inken Peters mitgebracht. Wir haben uns, Egmont war dabei, mal wieder den kindlichen Spaß gemacht, den Zoologischen Garten aufzusuchen" (S. 71).
Harmonisch verlaufen Begrüßung und Kontaktaufnahme nicht. Der Zuschauer spürt die innere Gespanntheit aller Familienmitglieder. Clausen erscheint ebenso angespannt. Auf Wolfgangs Äußerung, ihn verbinde mit Hanefeldt eine „Jugendfreundschaft" (S. 71), kann Clausen nur bissig antworten: „Also wie Geiger und ich. Übrigens ein höchst seltener Fall,

da Jugend und Freundschaft meist zugleich schwinden" (S. 71). Die Erwähnung von Egmonts Anwesenheit beim Besuch im Zoologischen Garten (vgl. S. 71) wirkt wie eine Art Versöhnung mit den anderen Kindern (eine Art Entschuldigung), zumal Clausen das Fehlen Bettinas bemerkt. Erst auf seine Anweisung – er schickt den Sanitätsrat zu Bettina – kommt sie zur Feier zurück. Sie entschuldigt ihr Verhalten mit persönlicher Betroffenheit: „Verzeih, Papa, ich komme gern – ich dachte nur, ich sei nicht mehr notwendig" (S. 73).

Die peinliche, bedrückende Atmosphäre und die Tatsache, dass Bettina zunächst nicht erscheint, veranlassen Inken zu der Bitte, das Fest verlassen zu dürfen. Angeblich warte ihre Mutter zu Hause, diese müsse „irgendeinen Termin wahrnehmen" (S. 72) und der Kindergarten sei bis auf den Onkel ganz allein.

Die Situation empfindet auch Clausen als verfänglich. Denn er „wird bleich…" (Regieanmerkung, S. 72). Um die Situation zu retten, fragt er unvermittelt und spontan seinen Sohn Wolfgang, ob er Inken kenne; auf dessen verneinende Antwort stellt er sie ihm schließlich vor (vgl. S. 72/73). Durch das Eintreten Bettinas unterbleibt eine Reaktion des Sohnes. Den anderen Familienmitgliedern wird Inken nicht vorgestellt.

In eine weitere, für sie schockierende Situation gerät Inken, als alle am Tisch Platz nehmen und nur für sie kein Gedeck übrig bleibt. Geheimrat Clausen bemerkt es, er springt auf (vgl. Regieanmerkung, S. 73). Voller Zorn fragt er: „Was heißt denn das? – Bitte, hier ist mein Platz, Inken" (S. 73). Als sich herausstellt, dass Winter das Gedeck „auf Befehl von Herrn Professor Wolfgang" (S. 73) entfernt hat, „schlägt [Clausen] mit der Faust auf den Tisch, dass die Gläser durcheinander fallen. Zum Donnerwetter bringe es her!" (S. 73). Es ist zu spät. „Inken huscht schnell ab" (Regieanmerkung, S. 73).

Folgendes Tafelbild kann die Ergebnisse sichern:

Verhalten Clausens – Reaktion Inkens

Clausen
- stellt Inken seiner Familie nicht vor
- stellt seine Familie vor Tatsachen

⬇

hat ein gespanntes Verhältnis zu seiner Familie,
handelt unreflektiert

Inken
- erhält eine Führung durchs Haus
- entwickelt eine Distanz zur verstorbenen Frau Clausens

⬇

lehnt die Familie (innerlich) ab,
flieht aus dem Haus

Dass Inken in dieser Situation das Haus verlässt, erscheint den Schülerinnen und Schülern sicher nicht ungewöhnlich. Ihr Verhalten soll in einer weiteren Phase besprochen und diskutiert werden. Folgende Arbeitsaufträge werden vorgeschlagen:

- *Versetzen Sie sich in die Situation Inkens. Verfassen Sie in ihrer Person einen Tagebucheintrag nach dem Verlassen der Feier.*

- *Sprechen Sie in der Gestalt Inkens in einer Art innerem Monolog – an die Zuhörer gerichtet – in eigenen Worten über ihre Empfindungen bei dem Familienfest und nach dem Verlassen der Feier.*

> *Clausen hätte die Eingliederung Inkens in die Familie vorbereiten können. Diskutieren Sie mögliche Vorgehensweisen.*

3.9 Das Familienfest: Der Bruch mit der Familie (S. 74–80)
„Wir sind verspätet – nehmen wir Platz" (S. 74)

Nachdem Inken das Haus des Geheimrats verlassen hat und Matthias Clausen ihr nachlief, um sie einzuholen, erwartet die Familie einen Zornesausbruch des Vaters. Der Geheimrat aber „erscheint völlig verändert, ruhig und unbefangen, als wäre nichts vorgefallen" (Regieanmerkung, S. 74). Der Vater eröffnet das Gespräch zunächst auf einer sachlichen, jedoch distanzierten Ebene. So erkundigt er sich bei Klamroth nach „Genf" (S. 75); vermutlich handelt es sich hier um Geschäftsbeziehungen. Klamroth weiß nichts zu entgegnen; so dokumentiert er nicht nur seine Unkenntnis, sondern in den Augen des Geheimrates auch seine Unfähigkeit, da ihm offenbar der geschäftliche Weitblick fehle, um über geschäftliche Belange den Überblick zu behalten.

Unvermittelt erkundigt sich Clausen bei Ottilie nach der Genesung ihres „Jüngste[n]" (S. 75), der – so antwortet Ottilie – bereits wieder gesund sei.

Von Wolfgang möchte Clausen wissen, ob dieser die Abhandlung Weismanns, seines Kollegen, kenne. Es gebe „nur das Leben" (S. 75), „der Tod [sei] zur Fortsetzung und Erneuerung des Lebens [keine] notwendige Unterbrechung" (S. 75). Die Antwort des Professors, „Die Jugend kann und das Alter muss sterben" (S. 75), zeugt von seinem Unverständnis für die Situation seines Vaters und von seiner fehlenden Empathiefähigkeit. Entsprechend antwortet Clausen: „[D]u verstehst davon nichts" (S. 75).

Die Frage nach Bettinas Wohlbefinden schließt sich an (vgl. S. 75). Sie entschuldigt ihr Verhalten mit dem allseits bekannten „Schwächeanfall" (S. 75).

Mit einem Ratschlag wendet sich Clausen nun an Egmont; er möge eine Forschungsreise zu dem „wandernden See" (S. 76) unternehmen. Eine Antwort Egmonts bleibt aus. Dieser Verweis Clausens hat in diesem Gespräch eine zweifache Funktion. In der Weise, wie sich der See verändert und wandert, bezieht er sich auf sein eigenes Leben. Gleichzeitig schafft er einen erneuten Bezug zum geschäftlichen Handeln seines Schwiegersohnes Klamroth, indem er nachfragt, „warum der hübsche Artikel nicht in unseren Blättern erschienen" (S. 76) sei. Mit dieser letzten Frage nach der Nicht-Veröffentlichung in den eigenen Mitteilungen wird die Phase des Gesprächs eingeleitet, die schließlich zur Eskalation führt.

Die Brisanz dieser Gesprächsphase (S. 75–77) lässt sich durch szenisches Lesen verdeutlichen. Im Kursraum werden so viele Stühle aufgestellt, wie Figuren in der Gesprächsszene vorkommen. Dabei werden die Stühle so formiert, dass die Beziehung der Figuren zueinander deutlich wird. Die Schülerinnen und Schüler wählen nun eine Figur, der der entsprechende Stuhl gehört. Ein Stuhl steht abseits, von dort werden die Regieanmerkungen gesprochen.

> *Interpretieren Sie diese Gesprächsphase (S. 75–77) szenisch, indem Sie den Text mit verteilten Rollen lesen.*
>
> *Beschreiben Sie den Gesprächsverlauf (S. 75–77).*

Die Intention Clausens hinsichtlich seiner Gesprächsführung ist offensichtlich. Neben der Bekundung von Interesse für seine Familie (obgleich zu fragen ist, wie ernst ihm diese Fragen sind), zielt er auf eine Bloßstellung Klamroths ab und auf eine Überprüfung des Verständnisses für seine Situation. Unter kommunikationstheoretischen Überlegungen kann dieses Gespräch, in dem Clothilde offensichtlich keine Rolle spielt, analysiert werden. In diesem

Zusammenhang können Kommunikationsmodelle wiederholt und angewendet werden. Die Präsentation und Anwendung können Schülerinnen und Schüler übernehmen.
Das **Arbeitsblatt 10**, S. 69 (Gesprächsverlauf bei der Familientafel, S. 75 – 76) kann an dieser Stelle eingesetzt werden, um den inhaltlichen Verlauf des Gesprächs nachzuzeichnen.

■ *Formulieren Sie stichpunktartig den Inhalt des Gesprächsverlaufs (S. 75 – 76).*

Clausen ist sich völlig sicher, dass sich keines seiner Kinder weder ernsthaft für seine Lebenssituation interessiert noch in irgendeiner Weise Verständnis für sein Handeln aufbringen wird.
Aus diesem Grund zeigt der weitere Gesprächsverlauf eine zunehmende Anspannung Clausens. Durch seine kurzen und prägnanten Fragen und Antworten, die einem Angriff auf das Handeln und Verhalten der Kinder gleichkommen, erhält das Gespräch in dieser Phase eher den Charakter eines Verhörs und einer Anklage. Bezugspunkt ist das Verhalten Inken gegenüber, obgleich ihr Name nicht genannt wird. Diese Gesprächsphase endet mit der Feststellung des Vaters: „[…] ich spreche euch Bildung nicht ab. Nur hat eure Bildung einige Lücken. Es sind dieselben, die auch euer Anstand hat" (S. 77).
Das Gespräch mit Bettina verknüpft die Begriffe und Wendungen wie „Aufgaben eines Menschen", „Menschsein", „Anstand" und „Bildung" (S. 76) miteinander. Dass Hauptmann gerade an dieser brisanten Stelle im Drama die Frage nach der Definition von Bildung stellt, wird vor dem Hintergrund von Hauptmanns humanistischem Bildungsanspruch verständlich (s. dazu Baustein 6). In einem Unterrichtsgespräch kann an dieser Stelle diskutiert werden, inwieweit Bildung und Anstand miteinander verbunden sind.

■ *Wie beurteilen Sie die Verknüpfung von Bildung und Anstand?*

 Schließlich lenkt Clausen den Inhalt des Gesprächs auf den eigentlichen Kern: die Frage nach dem Umgang mit dem Erbe (vgl. S. 77). Zunächst befragt er seinen Schwiegersohn, der auf Ottilie als mögliche Erbin verweist. Dass Klamroth dies nicht ernst meint, zeigt sich wenig später. Dies nutzt Clausen zu einer Anspielung auf das Drama „König Lear" von W. Shakespeare, indem er danach fragt, wer von ihnen „Cordelia" (S. 77) sei. Die in diesem Drama dargestellten Familienverhältnisse sind mit denen Clausens vergleichbar.
König Lear knüpft die Übergabe seines Besitzes an die Töchter an deren Liebe zu ihm. Diejenige, die ihn am meisten liebe, sollte den größten Anteil bekommen. Cordelia, seine Lieblingstochter, verspricht, ihn so zu lieben, wie es ihre Pflicht sei. Obgleich sie vom Vater verstoßen wird, rächt sie das von ihren Schwestern begangene Unrecht am Vater. Herzlosigkeit und Machtgier ihrer Schwestern sind für sie der Grund ihres Handelns. Verständlich wird vor dem Hintergrund die Frage Clausens: „Wer unter euch wäre, wenn ich das Meine wie jener alte törichte König verteilte, Cordelia?" (S. 77).
Als Information kann an dieser Stelle der Inhalt des ersten Aktes des Shakespeare-Dramas „King Lear" durch ein Schülerreferat eingebracht werden. Im Unterrichtsgespräch lassen sich dann Bezüge zur Anspielung Clausens herstellen.

■ *Erklären Sie die Anspielung Clausens auf „Cordelia".*

Die Betonung der Existenzängste der Kinder veranlasst Clausen, nach der Fürsorge um seine eigene Existenz zu fragen. Klamroth bezieht diese Frage auf sich und seine Sorge um die Firma und den Erhalt des Vermögens. Sein unerschütterliche Wille, so Klamroth, gelte als Grundlage (vgl. S. 78). Durch diese Äußerungen sieht Clausen Klamroth bereits als Manager seiner Firma und spürt seinen eigenen Untergang. Clausens Frage nach den Anwälten betrachtet Klamroth als Unterstellung und pocht auf Sachlichkeit im Umgang mit geschäftlichen Dingen anstelle von Liebe und Güte. Dieses wiederum interpretiert Clausen als Kampfansage. Beschwichtigende Versuche Egmonts scheitern. Als Wolfgang schließlich stellvertretend für alle mangelndes Vertrauen vonseiten des Vaters beklagt, denn niemand wolle „im Dunkeln herumtappen" (S. 79), fühlen sich alle gekränkt. Clausens Jähzornanfall (vgl. S. 79) beendet das Frühstück.

■ *Zeichnen Sie den Gesprächsverlauf (S. 77–79) bis zur Eskalation nach.*

Die Darstellung könnte folgendermaßen aussehen:

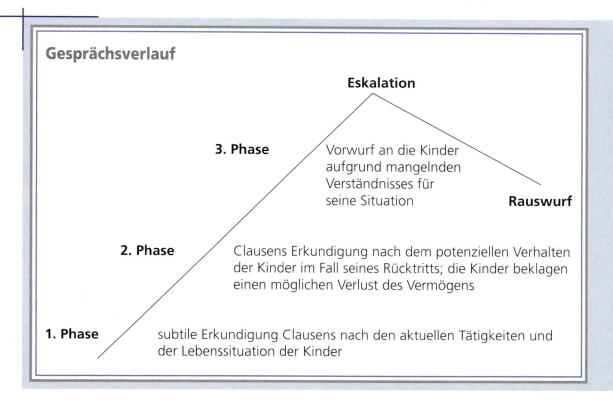

Zum Ende dieses Bausteins sollen die Schülerinnen und Schüler auf der Grundlage ihrer Arbeitsergebnisse das Verhalten der Familienmitglieder zu Inken und Clausen grafisch darstellen.

■ *Erarbeiten Sie ein Schema, das die Beziehungen der dramatischen Personen zueinander verdeutlicht.*

Folgende Möglichkeit wird vorgeschlagen:

Baustein 3: Die Personen im Drama

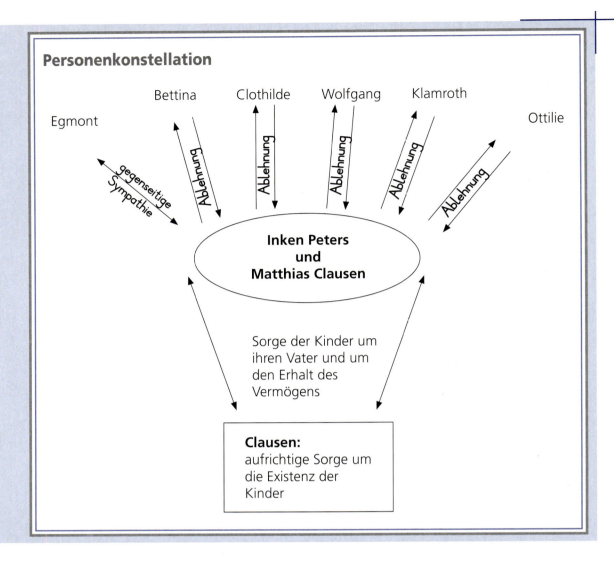

Die Beziehung der Familienmitglieder zu Inken

AB 8

Name	Qualität der Beziehung zu Inken	(mögliche) Gründe für die Ablehnung	Beleg Stelle
Clothilde			
Klamroth			
Wolfgang Clausen			
Hanefeldt			

■ *Lesen Sie die den 3. und den 4. Akt. Wie beurteilen die einzelnen Familienmitglieder Inken?*

BS 3

Die Beziehung der Familienmitglieder zu Inken – Lösung

Name	Qualität der Beziehung zu Inken	(mögliche) Gründe für die Ablehnung	Beleg Stelle
Clothilde	reagiert ablehnend, ist höhnisch	Neid; hat Angst, um das Erbe betrogen zu werden	3. Akt
Klamroth	findet sie anziehend, oberflächlich	muss als mögliche Erbin ausgeschaltet werden	3. Akt
Wolfgang Clausen	lehnt Inken ab	hat Angst, um sein Erbe betrogen zu werden	3. Akt
Hanefeldt	steht auf der Seite der Familie; entscheidet sich gegen Clausen und Inken	möchte seine Position sichern	4. Akt

■ *Lesen Sie die Seiten 19–23. Wie beurteilen die einzelnen Familienmitglieder Inken?*

Symbolik des Gartens

Die Vorstellung des Gartens als ein Ort, an dem die Natur vom Menschen nach ästhetischen Gesichtspunkten gestaltet wird, entspringt dem Gedanken, dass die Natur ein verfügbares Eigentum sei, und der
5 Überzeugung von Guilio Carlo Argan, dass die Schönheit der Natur durch die Hand des Menschen vollendet werden könne. Anders ausgedrückt, der Begriff „Garten" beinhaltet immer etwas Doppeldeutiges: Sein Aufbau ist entweder untrennbar mit den Erfor-
10 dernissen der Nutzung oder mit den feinsinnigen Motiven eines Idealbilds verbunden. Der Garten kann als höchste Vollendung landwirtschaftlicher Kultur angesehen werden, oder er wird (nach der von Kant aufgegriffenen und von ihm bearbeiteten Defi-
15 nition des Erasmus von Rotterdam) als privilegierter Ort betrachtet, wo die „Muße" gepflegt wird und wohin man vor dem Lärm und Umtrieb der Stadt flieht. Der Garten ist also gleichermaßen ein Ort des privaten Rückzugs wie der Gemeinschaft. Hier bringt die
20 Gesellschaft zu jeder Zeit Natur und Kunst zu Ausdruck, die Strenge des Entwurfs und die Freiheit des Vergnügens, der Arbeit und des Spiels (nach Louis Marin). Zugleich ist der Garten ein Ort der Innerlichkeit, die nach außen wirkt, ein Ort der Besinnung
25 unter freiem Himmel, ein Ort des Geheimnisses, das sich demjenigen enthüllt, der es zu schätzen weiß. „All die Wunderlichkeit des Menschen und all das, was ihm an Unstetem und Verwirrtem innewohnt, kann ohne Zweifel mit diesem Wort ‚Garten' ausgedrückt werden", sagte Louis Aragon. 30

Aus: Monique Mosser/George Teyssot: Die Gartenkunst des Abendlandes. Von der Renaissance bis zur Gegenwart. München 1993

Garten, Symbol des ird.[ischen] u. himml. Paradieses, Symbol der kosm.[ischen] Ordnung. – In der Bibel ist im Ggs. [Gegensatz] zur Hl. [eiligen] *Stadt* (→ Jerusalem, himmlisches), die die Endzeit symbolisiert, der
5 G. ein Bild des sündenfreien Urzustandes des Menschen. Das Hohe Lied vergleicht den G. mit der Geliebten. – Im G. der *Hesperiden* der griech. Mythologie wuchs der Baum mit den goldenen Äpfeln, der zumeist als Sinnbild des Lebensbaums gedeutet wird.
10 – In seiner Abgeschlossenheit, als Refugium gegenüber der Welt, steht der G. symbolisch der Oase u. der → Insel nahe. – Der ummauerte G., der nur durch eine schmale Pforte betreten werden kann, symbolisiert auch die Schwierigkeiten u. Hindernisse, die vor
15 Erreichen einer höheren seelischen Entwicklungsstufe überwunden werden müssen. – In ähnlichem Sinne symbolisiert der umfriedete G. auch vom männlichen Standpunkt aus die intimen Bereiche des weiblichen Körpers.

Udo Becker, Garten, aus: Ders., Lexikon der Symbole, Mit über 900 Abbildungen, S. 100 © Verlag Herder GmbH, Freiburg im Breisgau, 8. Auflage 2008

■ *Welche symbolischen Bedeutungen werden dem Garten hier zugeschrieben?*

■ *Untersuchen Sie, welche dieser Zuschreibungen sich auf das Drama „Vor Sonnenuntergang" beziehen lassen.*

Gesprächsverlauf bei der Familientafel (S. 75–76)

„Alle haben sich auf einen furchtbaren Zornesausbruch gefasst gemacht, aber der Geheimrat erscheint völlig verändert, ruhig und unbefangen, als wäre nichts vorgefallen" (Regieanmerkung, S. 74). Im folgenden Gespräch gilt Clausen als Sender einer Nachricht.

Empfänger	Thematischer Bezug	Reaktion des Empfängers	Intention des Senders
Klamroth			
Ottilie			
Wolfgang			
Bettina			

?

- Formulieren Sie stichpunktartig den Inhalt des Gesprächsverlaufs (S. 75–76).
- Wie endet das Gespräch?

Gesprächsverlauf bei der Familientafel (S. 75–76) – Lösung

„Alle haben sich auf einen furchtbaren Zornesausbruch gefasst gemacht, aber der Geheimrat erscheint völlig verändert, ruhig und unbefangen, als wäre nichts vorgefallen" (Regieanmerkung, S. 74).
Im folgenden Gespräch gilt Clausen als Sender einer Nachricht.

Empfänger	Thematischer Bezug	Reaktion des Empfängers	Intention des Senders
Klamroth	Geschäftsbeziehung in „Genf" (S. 75)	Ahnungslosigkeit	Bloßstellung
Ottilie	Krankheit des Kindes	Bestätigung der Genesung	Interesse für die Familie
Wolfgang	Abhandlung Weismanns über Leben und Tod	Keine Kenntnis der Abhandlung	Vergewisserung, ob Verständnis für seine Situation vorliegt
Bettina	Körperliche Gesundheit/ Wohlbefinden	Verweis auf bekannte Schwäche	Vergewisserung ihrer Position zu ihm

?

Clausens Verweis auf den wandernden See bedingt den Wendepunkt des Gesprächs.

- *Formulieren Sie stichpunktartig den Inhalt des Gesprächsverlaufs (S. 75–76).*
- *Wie endet das Gespräch?*

Baustein 4
Entwicklung des Selbstmordmotivs

Das Selbstmordmotiv im Drama „Vor Sonnenuntergang" ist von Anfang an angelegt. Hinweise gibt es bereits im ersten Akt im Gespräch Clausens mit Professor Geiger. Die Schachparabel verweist auf den Suizid, ebenso die Büste des Stoikers Marc Aurel. Hinzu kommen die Parallelkonstruktion des Selbstmordes von Inkens Vater, die Selbstmordandrohungen Inkens und die häufigen Gespräche über den Freitod (vgl. 2. und 4. Akt). Auf dem Familienfest spielt Matthias Clausen im Gespräch mit seinem Sohn auf die Thematik von Leben und Tod an (vgl. S. 75).
Im Folgenden soll die Entwicklung des Selbstmordmotivs am Text verfolgt werden.

1. Clausens Einsamkeit und die Schachparabel als Thematik des Stücks (1. Akt)
2. Gespräch mit Inken über den Freitod (2. Akt)
3. Entmündigung Clausens als Freibrief für sein Verhalten (4. Akt)
4. Zusammenbruch Clausens (5. Akt)

4.1 Clausens Einsamkeit und die Schachparabel als Thematik des Stücks (1. Akt)

Bereits im ersten Akt erfährt der Zuschauer aus dem Gespräch zwischen Geiger und Clausen, dass Clausen selbst sich nach dem Tod seiner Frau mit Suizidgedanken beschäftigt habe. So sagt er: „Aber die lockenden Stimmen aller meiner mir im Tode vorangegangenen Freunde schwiegen nicht. Warum sollte ich ihnen nicht nachgeben?!" (S. 29). Ähnlich wie Fuhrmann Henschel scheint Clausen von Verstorbenen ins Reich des Todes gelockt worden zu sein: „Der Verlust meiner Frau hatte mich in einer immerhin sonderbaren Verfassung zurückgelassen. Das Tor des Todes, durch das sie davongegangen war, wollte sich scheinbar nicht mehr schließen" (S. 29). Durch die unermüdlichen Bemühungen und Anstrengungen seiner Kinder und Ärzte sei er jedoch noch einmal dem Leben zurückgewonnen worden (vgl. S. 29/30). Dennoch spricht er von wiederholten Rückfällen, bedingt durch Einsamkeit: „Dann steigt er in mir auf, der Überdruss, ich sehe nur noch makabres Gelichter, drehkrank, unbarmherzig und endlos von einer Maschine herumgewirbelt, und dann zuckt mir die Hand wiederum nach der bewussten Klinke, die jeder leicht herabdrücken kann, um schweigend den Tanztee zu verlassen ..." (S. 30).
Die Schülerinnen und Schüler erhalten zunächst folgenden Arbeitsauftrag:

■ *Lesen Sie die Seiten 28–30. Notieren Sie Gründe für Clausens Selbstmordabsichten. Wodurch werden sie verhindert?*

In folgendem Tafelbild lassen sich die Ergebnisse sichern:

Baustein 4: Entwicklung des Selbstmordmotivs

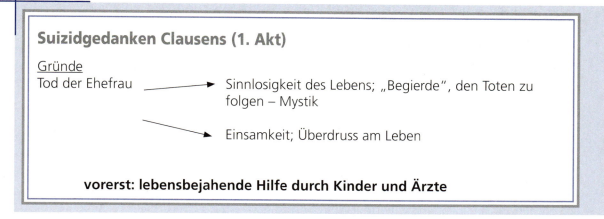

Suizidgedanken Clausens (1. Akt)

Gründe
Tod der Ehefrau → Sinnlosigkeit des Lebens; „Begierde", den Toten zu folgen – Mystik
→ Einsamkeit; Überdruss am Leben

vorerst: lebensbejahende Hilfe durch Kinder und Ärzte

Die Selbstmordgedanken werden zunächst durch die Fürsorge der Kinder und durch ein neues Lebensgefühl vertrieben.
Zum Verständnis der Entwicklung des Suizidmotivs erhalten die Schülerinnen und Schüler das **Arbeitsblatt 11, S. 78** (Funktion der Parabel) mit einem Auszug aus einem Lexikonartikel zum Begriff „Parabel".

> **Parabel** (griech. *Parabole* = Nebeneinanderwerfen, Vergleichung), lehrhafte Erzählung in Vers und Prosa, die eine allgemeine sittlich/religiöse Wahrheit oder Erkenntnis durch einen analogen Vergleich, also Analogieschluss, aus einem anderen Vorstellungsbereich erhellt, der nicht ein in allen Einzelheiten unmittelbar übereinstimmendes Beispiel
> 5 gibt wie die Fabel, sondern nur in einem Vergleichspunkt mit dem Objekt übereinstimmt [...] und die [...] zur selbstständigen Erzählung eines prägnanten Einzelfalls in bildhafter Anschaulichkeit [...] wird."
>
> Aus: Gero von Wilpert, Sachwörterbuch der Literatur, 8. Aufl. 2001, Alfred Kröner Verlag, Stuttgart

Die Schülerinnen und Schüler erhalten folgende Aufgaben:

- *Erarbeiten Sie den Auszug aus dem Lexikon. Fassen Sie die Kennzeichen der Parabel in eigenen Worten zusammen.*

- *Beziehen Sie Ihre Ergebnisse auf die entsprechenden Passagen aus dem ersten Akt des Schauspiels.*

Im Gespräch vertraut Clausen Geiger seine innersten Ängste in Form einer Schachparabel an. So sagt er: „Ein Leben lang habe ich Schach gespielt, vom frühen Morgen bis vor dem Einschlafen, Schach gespielt in die Träume hinein [...]. Die schwersten Partien, immer womöglich ein halbes Dutzend zugleich, kann man ja überhaupt nur im Kopf spielen [...]" (S. 32). Nun nähere er sich „allmählich der Schlusspartie, wo der Gegenspieler noch nicht gerade der Tod, aber auch nicht mehr das von gesunden Säften trotzende Leben ist. Da werden die Figuren zu Dämonen" (S. 32/33). Das Spiel, das er momentan zu bestehen habe, halte ihn „Tag und Nacht wie in einem Schraubstock" (S. 33) gefangen. Das Grauenhafte dieser „Gespensterpartie" (S. 33), wie sie Clausen nennt, sei die Tatsache, dass die schwarzen Dämonen-Figuren „mit lauter bekannten Gesichtern" (S. 33) unerbittlich gegen ihn vorrückten und ihn „unbarmherzig matt" (S. 33) setzten. „Tausendmal muss ich, selbst in dem Alptraum jeder Nacht, überhaupt aus dem Schachbrett herausspringen" (S. 33), gesteht er seinem Freund Geiger.
Als dieser ihm rät, „[d]ieses Gespenst von einer Schachpartie" (S. 33) doch einfach umzuwerfen und nicht zu Ende zu spielen, ahnt er nicht, dass er damit Clausens stoischen Entschluss voraussagt: „So ist es, Geiger, ich werde sie umwerfen" (S. 33).

Baustein 4: Entwicklung des Selbstmordmotivs

Diese Schachparabel, die offensichtlich dem Bereich des Traums, der Vorahnung und des Dämonischen angehört, enthält in nuce die Thematik des Dramas. Von der gierigen Meute der Erben immer mehr in die Enge getrieben, wird Clausen schließlich das Spiel des Lebens verlassen und mithilfe eines Suizids „aus dem Schachbrett herausspringen" (S. 33).

In diesem Zusammenhang erhalten die Schülerinnen und Schüler folgenden Auftrag. Dabei können ggf. die Aufzeichnungen aus Baustein 1 genutzt werden:

■ *Lesen Sie die Seiten 32–33. Welche Funktion hat Ihrer Meinung nach die Schachparabel an dieser Stelle? Stellen Sie anhand der Schachparabel eine Verbindung zum Selbstmordmotiv Clausens her.*

Die Sicherung der Ergebnisse kann folgendermaßen gestaltet werden:

Schachspiel

- Leben wird begriffen als Spiel
- Figuren als Abbild der Familienbeziehungen

➡ **Ausstieg aus dem Schachspiel – Ausstieg aus dem Leben (Kernthema des Stücks)**

4.2 Gespräch Clausens mit Inken über den Freitod (2. Akt) – „Verzicht aus Pflicht ..." (S. 55)

Der Anlass, Inken in Broich zu besuchen, ist ein vorausgegangener Streit mit Tochter Bettina. Clausen sucht einen Ausweg aus seinem Dilemma.
Der letzte Ausweg steht ihm schon am Ende des zweiten Akts im Gespräch mit Inken vor Augen. Als Kenner der stoischen Lehre sagt Clausen: „Es gibt aus meinem Dilemma mehrere Auswege. Einer ist der, den Seneca wählte, Marc Aurel vertritt, wie es die Alten nannten: der stoische. Man schließt nicht nur eine Sache, sondern das Leben überhaupt freiwillig ab" (S. 54). In dieser Aussage des Geheimrates zeigt sich deutlich die Nähe zu Hauptmanns Seneca-Rezeption. Die stoische Philosophie spielt hier in Bezug auf den Freitod eine Rolle. Grundsätzlich lassen sich nur schwer eindeutige stoizistische Elemente im Schauspiel ausmachen. Wenn jedoch die philosophische Position vertieft werden soll, bietet sich an dieser Stelle ein philosophischer Exkurs an.

Der Stoizismus Senecas – ein philosophischer Exkurs

Zunächst vermittelt der Text „Die Philosophie der Stoiker" (**Zusatzmaterial 8**, S. 109) einen allgemeinen Überblick über die philosophische Richtung.
Zudem bzw. alternativ kann eine Seneca-Passage, „Vom glücklichen Leben" (**Arbeitsblatt 12**, S. 79), zur Erarbeitung stoizistischer Philosophie herangezogen werden. Die Präsentation des Textes ist auch durch ein Schülerreferat möglich. In einem Unterrichtsgespräch lassen sich mögliche Beziehungen zur Lebenseinstellung Clausens aufzeigen.
Die Beherrschung der Leidenschaften (Triebe) mithilfe der Vernunft war wesentliches Ziel der Stoa. Die Leidenschaften (Pathos) sollen in Apathie (Leidenschaftslosigkeit, innere Ruhe)

umgewandelt werden. Die Vernunft, der „Geist", der Logos in jedem Menschen verbindet diesen mit dem ganzen Universum, das von einem höchsten Logos, einem göttlichen Prinzip, bestimmt ist. Das Leben der Menschen in einem vom Logos durchwalteten Universum ist vorherbestimmt, jeder Mensch hat sein Schicksal. Das Schicksal zu erkennen, es gelassen hinzunehmen, macht frei. Ziel der Stoa ist es, diese überlegene Ruhe, die aus der Akzeptanz des Schicksals kommt, zu erreichen. Daraus ergeben sich weitere Tugenden wie Freundlichkeit und Harmonie. Der Textabdruck zum thematischen Schwerpunkt Seneca, „Tugend und sittliche Vollkommenheit" (**Zusatzmaterial 9**, S. 110), kann zur Vertiefung dieses Aspekts eingesetzt werden.

■ *Erarbeiten Sie anhand des Textes „Vom glücklichen Leben" die Einstellung Senecas zum Tod. Vergleichen Sie Senecas Vorstellungen mit einschlägigen Aussagen Clausens.*

Clausen spürt Inkens Unverständnis für seine mögliche Entscheidung und zugleich auch ihre unbedingte Stärke und Kraft, zu ihm zu halten, wenn er sagt: „Inken, Sie wollen mich missverstehen. Ich darf Sie nicht in mein Schicksal hinabreißen" (S. 55).
Kompromisslos beschreibt er seinen inneren Konflikt.
Seine Selbstmordgedanken vertieft Clausen mit einem Zitat aus dem Prolog im Himmel zu Goethes Faust: „[E]s wechselt Paradieseshelle mit tiefer, schauervoller Nacht" (S. 55). Die Polarität von Licht und Finsternis spiegelt die Situation Clausens, die er zudem im Mythos von „Ormuzd und Ahriman" (S. 56) zusammenfasst.
Der Parsismus ist eine von Zarathustra gestiftete Religion. Er verkündete einen Dualismus, der in der Gegnerschaft des bösen Geistes Angra Manju (Ahriman) gegen Ahara Masda, den guten Gott, begründet ist und den Menschen zur ethischen Entscheidung herausfordert. Der Kampf beider Gottheiten bestimmt sowohl das kosmische Geschehen als auch die Geschichte und die individuelle Existenz des Menschen.
Die mit der Sonne verbundenen Phasen, die Paradieseshelle, werden auf Inken bezogen (vgl. S. 55). Nach dieser Phase folgt die der Finsternis. Ihm (sc. Clausen) laure Ahrimans „bekannte[r] Drache, der dies alles in sich schluckt" (S. 56). Er werde in die finsteren Tiefen dieses bösen Prinzips herabgerissen, wo „Gespenster und Vampire" (S. 56) hausen und wo „zum Vampir [wird], was oben ein Engel gewesen ist …" (S. 56). Hier bedient sich Clausen im Rückgriff auf den Mythos alptraumartiger Umschreibungen der feindlichen dämonischen Mächte, für die er die Motive der Gespenster und Vampire wählt. Hier lässt sich noch einmal eine Parallele zu den Dämonen, die in der zur Schachparabel auftauchen, ziehen.
Die Schülerinnen und Schüler erhalten folgenden Arbeitsauftrag:

■ *Lesen Sie die Seiten 52 – 55. Welche Beweggründe führen Clausen zum Gespräch mit Inken und wie umschreibt er seine Gedanken?*

→ **Das Alter zwingt ihn zum Nachdenken**

4.3 Entmündigung Clausens als Freibrief für sein Verhalten – „Ich bin bürgerlich tot" (S. 110)

Der entscheidende Schachzug, den seine Kinder gegen den Geheimrat anstrengen, ist die Betreibung seiner Entmündigung. Die Schmach „auch nur vier Wochen bürgerlich tot gewesen" (S. 96) zu sein, vernichtet ihn physisch und psychisch. Er weiß, dass ein Mann von gesellschaftlichem Rang „den Leichenduft nicht mehr los" (S. 96) wird, der mit einer Entmündigung verbunden ist. Clausen weiß, wer diese Tat veranlasst hat. Mit Ausnahme Egmonts (vgl. S. 97) haben sich alle Kinder an diesem Verfahren beteiligt. Aus Empörung, Unverständnis und Verzweiflung zerschneidet er das Bild seiner Ehefrau (vgl. S. 98). Die Steigerung dieser emotionalen Erregung zeigt sich in der Vernichtung der „Familienbilder" (S. 99) und „Kinderfotografien" (S. 99). Er fragt schließlich nach seinem Sarg und bezeichnet seinen Sohn Wolfgang, von dem er keinen Dank mehr für ehemals kindliche Fürsorge zu erwarten hat, als „Mörder" (S. 101) und „Verbrecher" (S. 101).

■ *Lesen Sie die Seiten 96–102. Beschreiben Sie die Folgen der Entmündigung.*

Entmündigung Clausens – Freibrief für sein Verhalten

Clausen

- bangt um seine gesellschaftliche Stellung
- zerschneidet das Bild seiner Frau (vgl. S. 98)
- verabscheut seine Kinder (symbolisches Auslöschen seiner Familie)
- vergleicht sein Schicksal mit dem Kreuzestod Christi (vgl. S. 97)
- demoliert Familienbilder und Kinderfotografien (vgl. S. 99)
- fragt nach seinem Sarg (vgl. S. 100)
- erleidet einen Schwächeanfall (vgl. S. 102)

➡ **physische und psychische Zerrüttung durch die Familie**

4.4 Zusammenbruch Clausens (5. Akt)

Am Ende des vierten Aktes tritt zur psychischen Zerrüttung die endgültig physische. Die Folgen des Zusammenbruchs treten im fünften Akt deutlich hervor, als Clausen vom Regen durchnässt und kaum mehr erkennbar, „abgerissen wie ein Strolch" (S. 116) bei Inkens Mutter auf dem Lande erscheint. Zu Fuß ist er den langen Weg bei schlechtem Wetter gegangen. Das Beängstigende seines Zustandes zeigen vor allem die Reaktionen von Frau Peters und ihrem Bruder, dem Gärtner Ebisch, die sofort den Pastor holen und mit dem Verwirrten nicht allein bleiben wollen (vgl. S. 108), da Clausen seltsame Reden führt. So glaubt er, seine verstorbene Frau nochmals getötet zu haben (vgl. S. 109). Sein Bewusstseinszustand ist beeinträchtigt. Er erklärt, er sei „bürgerlich tot" (S. 110): „Ich schleppe eine tote Seele in einem lebendigen Rumpf herum" (S. 118). Inken nimmt er nur als Vision wahr; er erkennt sie nicht, hält sie für einen Boten aus dem Jenseits; er kann ihre Gegenwart nicht

mehr fühlen (vgl. S. 118). Die vorgesehene Flucht registriert er lediglich. Er wird lethargisch (vgl. S. 123) und hört im Halbschlaf Choralgesänge (s. auch Hauptmann, 1996, Bd. III, 337f.).
Ekstatisch wiederholt er die Aussage: „Mich dürstet ... mich dürstet nach Untergang" (S. 124).

- Lesen Sie den fünften Akt. Zeichnen Sie den Todesweg Clausens nach.
- Worin sehen Sie die Gründe für Clausens Tod?

Clausens Tod im fünften Akt

- Verwirrung – Ankunft bei Frau Peters (vgl. S. 107f.)
- verweist auf symbolische Ermordung der eigenen Ehefrau (vgl. S. 109)
- bezeichnet sich als „bürgerlich tot" (S. 110)
- erkennt Inken nicht; hat eine „Vision" (S. 117)
- spricht von seiner toten Seele (vgl. S. 118)
- moralisch tot und physisch entehrt (vgl. S. 121)
- hört Chorgesänge (vgl. S. 123)
- ihn dürstet nach Untergang (vgl. S. 124)

➔ **Opfer seiner eigenen Familie**

Clausen erwacht aus seiner Ohnmacht und haucht, als er Inken gewahr wird, ihren Namen (vgl. S. 117). Nachdem alle das Zimmer auf Inkens Wink hin verlassen haben, spricht sie Clausen in der Todesstunde gleichsam göttlichen Trost zu, wobei sie sich selbst in die göttliche Sphäre erhebt: „[...] ich bin deine Auferstehung" (S. 118). Sie opfert sich völlig auf: „Nimm alles von mir, bis du wieder im Besitz deiner alten Kräfte bist. Ich bin ja doch du, ich bin ja nichts anderes!" (S. 119). Eine völlige Symbiose mit Clausen tritt hier ein. Als Clausen in diesem Zusammenhang von „Vormund" (S. 119) spricht, gibt sich Inken als eigenständige Person völlig auf: „dein Stecken und Stab, dein Geschöpf, dein Besitz, dein zweites Ich! Damit musst du rechnen, das musst du festhalten!" (S. 119). Weiter sagt sie: „Sei nur ein paar Tage wie ein Kind: wie für mein Kind will ich für dich sorgen" (S. 120). Inken erscheint ihm wie „ein Bote vom Jenseits" (S. 120). Allein ihre „gesegneten Hände" (S. 120) lassen ihn „ewige Güte" (S. 120) fühlen. Er spürt gleichsam die Aura, das Mystische, das von Inken – ohne sie als reale Person wahrzunehmen – ausgeht, und fühlt sich wohl und geborgen. Schließlich ist sie bereit, mit dem Revolver ihres Onkels auf die Verfolger zu schießen (vgl. S. 122). In dem Glauben, sich verteidigen zu müssen, „wenn entmenschte Rotten sich nahen" (S. 122), erhebt sie die Waffe gegen den Pfarrer.
Es wird sich zeigen, dass Inken ein messianisches Selbstverständnis hat, sich als Heilsbringerin sieht und auch in dieser Weise von Clausen gesehen wird.
In arbeitsteiliger Gruppenarbeit lassen sich die unterschiedlichen Sichtweisen der Figuren aufeinander erarbeiten. Die Arbeitsergebnisse sollten auf einer Folie nebeneinander erscheinen (Overlay-Verfahren), um die Entsprechung der gegenseitigen Wahrnehmung zu zeigen:

- *Gruppe 1 (S. 118 ff.):*
  Wie stellt Inken sich selbst dar?

Baustein 4: Entwicklung des Selbstmordmotivs

■ *Gruppe 2 (S. 118 ff.):*
Welche Vorstellungen entwickelt Clausen von Inken?

Inkens Selbstdarstellung	Clausens Sicht auf Inken
• sie ist Clausens „Auferstehung" (S. 118)	• er nennt sie „Bote vom Jenseits" (S. 120)
• Liebe zu Matthias „gilt doppelt" (S. 118)	• ihre „gesegneten Hände" lassen ihn „ewige Güte" (S. 120) fühlen
• sie ist Clausens „Stecken und Stab" (S. 119), sein „Besitz" (S. 118), sein „zweites Ich" (S. 118)	• …
• sie wünscht sich Matthias „wie ein Kind" (S. 120), um für ihn sorgen zu können	
• …	
↓	↓
messianisches Selbstverständnis	**sieht in Inken messianische Eigenschaften**

Der Abscheu, den Clausen vor seinen Kindern und auch seiner verstorbenen Ehefrau empfindet, zeigt sich nicht nur in Handlungen, sondern auch in sprachlichen Wendungen.
In gleichem Maße, wie sich das Verhältnis zu den Kindern verschlechtert, verändert sich sein Sprachgebrauch. Ein Vergleich der Kinder mit Tiergestalten (vgl. S. 101) zeigt die ihnen zuteil werdende Erniedrigung durch den Vater. Seine anfängliche Vermutung, der Profitgier seiner Kinder zum Opfer zu fallen, bewahrheitet sich schließlich.
Inken, die in die göttliche Sphäre erhoben wird, bildet den Kontrast zur gesamten Familie. Die sprachlichen Wendungen zeigen Clausens Sicht auf diese Person, die wie ein Engel auf Erden erscheint.
In Analogie zum Dualismus Clausens (Paradieseshelle und Dämonen) ist sein Sprachgebrauch zu sehen.

■ *Untersuchen Sie den Sprachgebrauch Clausens. Stellen Sie Ausdrücke und Wendungen zusammen, die sein Verhältnis zur Familie zeigen.*
Vergleichen Sie die Äußerungen anschließend mit denen, die Inken betreffen.

Sprachgebrauch Clausens in Bezug auf

seine Familie

- betitelt das gemeinsame Haus als „Pesthöhle" (S. 97)
- bezeichnet das Handeln der Kinder als „widernatürliches Verbrechen" (S. 97)
- vergleicht seine Kinder mit Tieren in Menschengestalt (vgl. S. 101)
- verabscheut Bettine als „Megäre" (S. 102)

Inken

- wird vergöttlicht

→ **Der Dualismus zwischen Paradies und Dämonen zeigt sich im Gebrauch der Sprache.**

Am Ende dieses Bausteins kann – je nach Disposition – auf einen Ausschnitt aus Goethes Briefroman „Die Leiden des jungen Werthers" zurückgegriffen werden (**Zusatzmaterial 10**, S. 111).
Wurde bereits ein Referat zu dieser Thematik gehalten, können die Arbeitsanweisungen entsprechend verändert werden.

Folgende Aufgaben sind zur Bearbeitung vorgesehen:

■ *Informieren Sie sich über den Inhalt des Briefromans.*

■ *Analysieren Sie den Auszug aus dem Briefroman unter besonderer Berücksichtigung des Todesmotivs.*

■ *Vergleichen Sie den Entschluss Werthers zum Selbstmord mit dem Matthias Clausens.*

Funktion der Parabel

Parabel (griech. *Parabole* = Nebeneinanderwerfen, Vergleichung), lehrhafte Erzählung in Vers und Prosa, die e. all. sittl./relig. Wahrheit oder Erkenntnis durch e. analogen Vergleich, also Analogieschluss, aus e. anderen Vorstellungsbereich erhellt, der nicht ein in allen Einzelheiten unmittelbar übereinstimmendes Beispiel gibt wie die Fabel, sondern nur in einem Vergleichspunkt mit dem Objekt übereinstimmt [...] und die [...] zur selbstständigen Erzählung e. prägnanten Einzelfalls in bildhafter Anschaulichkeit [...] wird."

Aus: Gero von Wilpert, Sachwörterbuch der Literatur, 8. Aufl. 2001, Alfred Kröner Verlag, Stuttgart

- Erarbeiten Sie den Auszug aus dem Lexikon. Fassen Sie die Kennzeichen der Parabel in eigenen Worten zusammen.
- Beziehen Sie Ihre Ergebnisse auf die entsprechenden Passagen aus dem ersten Akt des Dramas.

Bestandteile der Parabel	Bezug zum Drama

Seneca: Vom glücklichen Leben

Seneca bekannte sich zur Lehre der Stoa, was ihn aber nicht daran hinderte, sehr reich zu werden und genussvoll zu leben. Eine Zeit lang wirkte er als Lehrer des späteren Kaisers und Tyrannen Nero. Später fiel er in Ungnade und Nero verurteilte ihn zum Tode. Um der Hinrichtung zu entkommen, tötete sich Seneca selbst im Verlauf eines Abschiedsfestes für seine Freunde.

1 Glücklich kann derjenige genannt werden, der, von der Vernunft geleitet, nichts mehr wünscht und nichts mehr fürchtet. […]
Wer den Tod fürchtet, wird in seinem Leben nie etwas
5 Rechtes leisten; wer aber bedenkt, dass der Tod ihm schon von Geburt an bestimmt war, der wird nach dieser Richtschnur leben und wird mit derselben Geistesstärke es dahin bringen, dass die Zukunft ihm nichts Unerwartetes bringt. Alles, was kommen kann, sieht er voraus, und damit schwächt er den Anprall 10 aller Übel. Was denjenigen, die gefasst und vorbereitet sind, nichts Neues ist, das erscheint den Sicheren schwer, die immer nur auf Glück hoffen. Tod, Gefangenschaft, Einsturz, Brand, nichts von alledem kommt ganz plötzlich. […] 15
Sollte ich mich wundern, wenn Gefahren, die mich immer umschwebten, einmal wirklich an mich herantreten? […]

Aus: Seneca: Vom glücklichen Leben und andere Schriften, hrsg. v. P. Jaerisch, Stuttgart 1960, S. 50–52, 67–72, 79f.

■ Erarbeiten Sie anhand des Textes „Vom glücklichen Leben" die Einstellung Senecas zum Tod. Vergleichen Sie Senecas Vorstellungen mit einschlägigen Aussagen Clausens.

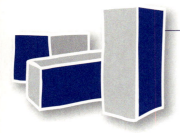

Baustein 5

Die Struktur des Dramas

5.1 Der Aufbau

Im Mittelpunkt dieses Bausteins steht zunächst der formale Aufbau des Schauspiels. Hier sollen die Schülerinnen und Schüler den pyramidalen Aufbau des Dramas (nach G. Freytag) überprüfen.

In einem weiteren Schritt sollen einschlägige Parallelen und Ähnlichkeiten zum naturalistischen Drama „Vor Sonnenaufgang" aufgezeigt werden. Zur Bearbeitung dieses Schwerpunktes wird das vorbereitete Referat zum Drama (s. Vorüberlegungen zum Einsatz des Dramas im Unterricht, S. 13) eingesetzt. Ergänzt wird die Behandlung dieser Aspekte durch einen Verweis auf das Zeitmotiv im Schauspiel „Vor Sonnenuntergang".

Der Handlungsverlauf im Drama erklärt sich ausschließlich aus einer „vordergründigen Motivierung" (Inken – Geheimrat). Der Charakter des Geheimrats und seine Stellung innerhalb der Familie offenbaren sich im ersten Akt. Das gesamte Personal wird in seiner Beziehung sowohl untereinander als auch zu Matthias Clausen vorgestellt. Die Feierlichkeit im Haus des Geheimrats anlässlich der Verleihung des Ehrenbürgerrechts bietet sich an, um die Personen sowohl als Handlungsträger als auch als Gesprächspartner einzuführen. Der Eindruck jeder Gestalt reflektiert sich im Bewusstsein anderer; am Ende des ersten Aktes steht die Kräftegruppierung der Familie Clausen fest.

Die Fronten sind geklärt. Der Siebzigjährige denkt nicht daran, sein Leben mit einem Testament zu beschließen, sondern beabsichtigt, in einen neuen Daseinsabschnitt einzutreten, wozu ihm die hingebungsvolle und fürsorgliche Liebe einer jungen Frau die Kraft gibt. Dies stößt auf den Widerstand der Familie, die sich dem Diktat des Schwiegersohnes Klamroth beugt. „Sie drehen den Zeiger der Uhr nicht zurück" (S. 13). Der expositorische Charakter des ersten Aktes wird allzu deutlich.

Die Steigerung der Handlung erfolgt im zweiten Akt.

Ort der Handlung ist das Gartenhäuschen in Broich. Clausen sucht bei Inken Zuflucht, die Liebenden finden nach einem Gespräch zusammen (Schenken des Ringes). Ein Versuch der Familie Clausen, Inken mit ihrer Mutter zum Ortswechsel zu bewegen, gelingt nicht.

Der dritte Akt bringt als Ergebnis des innerfamiliären Kampfes den dramatischen Höhepunkt. Die Familie maßregelt den Vater, indem sie eindeutig Inken den Zutritt zum Festmahl verwehrt. Der Geheimrat macht schließlich in emotionaler Weise seine Haltung deutlich: „Packt eure Sachen! Hinaus! Hinaus!" (S. 80).

Der vierte Akt läuft auf eine erneute Konfrontation mit der Familie hinaus. Die Katastrophe tritt ein, als Clausen von seiner durchgreifenden Entmündigung erfährt. Er bricht zusammen.

Die letzten Konsequenzen zieht der Geheimrat im fünften Akt.

Die Vorstellung, entmündigt zu sein, für schwachsinnig gehalten zu werden, gewinnt solche Macht über ihn, dass er ihr tatsächlich erliegt.

Den Hinweis auf den „Lauf einer Waffe" (S. 32), eine bedeutungsschwere Aussage des Geheimrats, greift Geiger wieder auf, als er seinen schwerkranken Freund sieht: „Mir ist, als sähe ich einen, der einem Schuss aus dem Hinterhalt zum Opfer gefallen ist" (S. 127). Die Geschlossenheit der Handlung zeigt sich hier in Erinnerung an Clausens Aussage über Klamroth: „[I]ch brauche nur flüchtig an ihn zu denken – und ich sehe sofort den Lauf einer Waffe auf mich gerichtet!" (S. 32).

Zur Erarbeitung des Dramenaufbaus dient das „Pyramidenschema des fünfaktigen Regeldramas nach Gustav Freytag" **(Arbeitsblatt 13**, S. 85); zudem bietet **Zusatzmaterial 11**, S. 112–113, „Das aristotelische Drama", eine Vertiefung des Erarbeitungsschwerpunktes.

■ *Stellen Sie den Verlauf der dramatischen Handlung in „Vor Sonnenuntergang" dar. Präsentieren Sie Ihre Ergebnisse auf einem Plakat oder einer Folie.*

■ *Prüfen Sie, inwieweit sich das von Gustav Freytag 1863 vorgeschlagene Pyramidenschema (Arbeitsblatt 13) auf den Handlungsablauf in „Vor Sonnenuntergang" anwenden lässt.*

5.2 Naturalistische Elemente im Schauspiel Hauptmanns

Der Aufbau des Dramas „Vor Sonnenuntergang" erinnert an das 1889 entstandene Drama Hauptmanns „Vor Sonnenaufgang". Die Titel der Dramen lassen eine Spannbreite von Bedeutungen zu.
Als Einstieg in diese Sequenz bietet sich das Schülerreferat über das Drama „Vor Sonnenaufgang" an (s. Vorüberlegungen zum Einsatz des Dramas im Unterricht, S. 14). Ausgehend von diesem Referat, in dem – nach Absprache – bestimmte Aspekte hervorgehoben werden, bietet sich ein Vergleich mit folgenden Arbeitsschwerpunkten an:
- Die Protagonisten im Drama: Helene und Matthias Clausen
- Jagdmotivik
- Funktion der Regieanmerkungen

Protagonisten im Drama: Helene und Matthias Clausen

Zur Vorbereitung auf die Schwerpunkte im Drama „Vor Sonnenuntergang" sollten die Schülerinnen und Schüler auf ihre Aufzeichnungen zur Erarbeitung des Dramas zurückgreifen und Kenntnisse des Dramas „Vor Sonnenaufgang" haben.
Der Einstieg kann mit einem Referat zur Inhaltsübersicht des Dramas „Vor Sonnenaufgang" erfolgen. Dabei sollte die Protagonistin Helene im Mittelpunkt stehen. Thematischer Schwerpunkt des Dramas ist wie in „Vor Sonnenuntergang" das Scheitern eines Menschen, bedingt durch sein soziales Umfeld: Helene tötet sich selbst, sobald sie die letzte Hoffnung (Loth), aus ihrer Situation befreit zu werden, verloren hat. Matthias Clausen wird seine Existenzberechtigung durch seine eigene Familie genommen, die ihn entmündigen lässt, um ein lohnendes Erbe antreten zu können. Skrupellosigkeit und Machtgier sind dieses Handeln bestimmende Faktoren. Sowohl Helene als auch Matthias Clausen leiden unter dem Verlust einer Person: Helene unter dem Tod ihrer Mutter, Clausen unter dem Tod seiner Frau. Verlust- und Existenzängste beeinflussen die Lebensführung beider Personen. Beide folgen einem humanistischen Bildungsideal: Helene liest Schiller und Goethe, Clausen verehrt Goethe. Beide erleben ein Scheitern dieser humanistischen Bildungswelt. Helene findet in ihrem sozialen Umfeld keine Vertreter dieser Ideale, Clausen erlebt, wie sich das Goethe-Erbe, das er in der Namensgebung seiner Kinder offenbar werden lässt, als nichtig erweist.
Hier wie dort sind die Familien zerrüttet, durch Alkoholexzesse auf der einen Seite, auf der anderen durch Profitgier. In beiden Dramen verfolgen die Protagonisten, Helene und Matthias Clausen, ein humanistisches Bildungsideal. Dieses bedingt ihre humanistische Sicht auf die Welt und lässt sie schließlich vereinsamen und scheitern.

■ *Vergleichen Sie Helenes Weltsicht mit der von Matthias Clausen.*

> **Ein Vergleich**
>
> **Helene**
> - verliert ihre Mutter
> - interessiert sich für klassische Literatur (Goethe, Schiller)
> - lebt in zerrütteten Familienverhältnissen (Alkoholismus)
>
> **Matthias Clausen**
> - verliert seine Ehefrau
> - vielseitig interessiert und gebildet (Antike, Klassik)
> - findet für seinen Lebensstil keinen Rückhalt in der Familie
>
> **beide geraten in eine ausweglose Situation und begehen Selbstmord**

Jagdmotivik

In beiden Dramen spielen gesellschaftliche bzw. politische Verhältnisse peripher eine Rolle. Im Drama „Vor Sonnenaufgang" geht es vordergründig um die Arbeitsbedingungen in den Bergwerken. In „Vor Sonnenuntergang" schwingt der zunehmende Einfluss der Nationalsozialisten mit. In beiden Dramen werden die konkreten Konfliktherde weder politisch noch wirtschaftlich thematisiert bzw. kritisiert. Vielmehr werden die Folgen dieser sich verändernden wirtschaftspolitischen Lage anhand eines Familiendramas dargestellt. Die Folgen dieser Krisen sind jeweils katastrophal.

Vor diesem Hintergrund erklärt sich Hauptmanns „Jagdmotivik". In beiden Dramen fühlen sich die Protagonisten aus unterschiedlichen Gründen verfolgt. Helene muss den sexuellen Übergriffen ihres Schwagers ausweichen, Clausen fühlt sich von schwarzen Dämonen angegriffen und verfolgt, ebenso auch Inken. Es wird „Jagd" auf Personen gemacht, die dem Denken und Handeln der Familie entgegenstehen und ihren Forderungen nicht folgen.

Ein Vergleich der Motivik beider Dramen kann durch ein Schülerreferat eingeleitet und im Unterrichtsgespräch vertieft werden. Alternativ kann auch eine Rollenbiografie die Bedrohung der Protagonisten durch die Familie erhellen. In diesem Fall erhalten die Schülerinnen und Schüler folgenden Arbeitsauftrag:

> ■ *Versetzen Sie sich in die Situation Helenes bzw. Matthias Clausens und schildern Sie einem imaginären Publikum die Bedrohung durch Ihre Familie. Sprechen Sie in der Ich-Form.*

Regieanmerkungen

Schließlich werden besonders die Regieanmerkungen, die in vergleichbar akribischer Form wie im naturalistischen Drama genannt werden, insgesamt aber weniger häufig auftauchen, exemplarisch untersucht. Für den direkten Vergleich eignen sich die Regieanmerkungen zum jeweils ersten Akt der beiden Dramen **(Arbeitsblatt 14, S. 86)**.

In beiden Anmerkungen geben zunächst Hinweise zur Raumgestaltung Aufschluss über die materielle und soziale Situation der Familie. In „Vor Sonnenaufgang" werden die Personen, besonders Loth, akribisch beschrieben, in „Vor Sonnenuntergang" stehen die Beschreibung und Ausschmückung des Wohnraumes und des Gartens im Mittelpunkt. Auf eine Personenbeschreibung wird hier verzichtet.

Aufbau und Inhalt der Anmerkungen sind abgestimmt auf das die jeweiligen Hauptpersonen bestimmende Umfeld. Helene lebt zwischen zwei Welten; sie werden verkörpert durch die „robuste Bauernmagd" Miele und den Akademiker Loth. Matthias Clausen ist begütert und umfassend gebildet. Dieses dem Zuschauer vermittelte Lebensideal hat für ihn, wie auf der anderen Seite für Helene, keinen Bestand. Sowohl hier wie dort gibt es bereits Hinweise auf das Scheitern der Figuren: Loths Abreise treibt Helene schließlich in den Selbstmord und die Büste Marc Aurels verweist auf den Suizid Clausens. Im naturalistischen Drama wird der Selbstmord vor dem Hintergrund eines abgrundtiefen sozialen Milieus gezeigt, in dem unvereinbare Gegensätze aufeinandertreffen. Im Drama „Vor Sonnenuntergang" geschieht der Selbstmord aus einer Unvereinbarkeit humanistischer Bildung mit skrupelloser Profitgier.

- *Vergleichen Sie die Regieanmerkungen zum jeweils ersten Akt aus den Dramen „Vor Sonnenaufgang" und „Vor Sonnenuntergang".*

- *Beurteilen Sie vor dem Hintergrund Ihrer Dramenkenntnisse Aufbau und Inhalt der Regieanmerkungen.*

ERSTER AKT (Vor Sonnenaufgang)

Das Zimmer ist niedrig; der Fußboden mit guten Teppichen belegt. Moderner Luxus auf bäuerliche Dürftigkeit gepfropft. An der Wand hinter dem Esstisch ein Gemälde, darstellend einen vierspännigen Frachtwagen, von einem Fuhrknecht in blauer Bluse geleitet.
Miele, eine robuste Bauernmagd mit rotem, etwas stumpfsinnigen Gesicht; sie öffnet die Mitteltür
5 *und lässt Alfred Loth eintreten. Loth ist mittelgroß, breitschultrig, untersetzt, in seinen Bewegungen bestimmt, doch ein wenig ungelenk; er hat blondes Haar, blaue Augen und ein dünnes, lichtblondes Schnurrbärtchen, sein ganzes Gesicht ist knochig und hat einen gleichmäßig ernsten Ausdruck. Er ist ordentlich, jedoch nichts weniger als modern gekleidet. Sommerpaletot, Umhängetäschchen, Stock.*

Gerhart Hauptmann: Sämtliche Werke, hrsg. von Hans-Egon Hass © 1996 Propyläen Verlag in der Ullstein Buchverlage GmbH, Berlin

ERSTER AKT (Vor Sonnenuntergang)

Das Bibliotheks- und Arbeitszimmer des Geheimrats Matthias Clausen in dessen Stadthaus. Über dem Kamin links das Bildnis eines schönen jungen Mädchens, von Fritz August Kaulbach gemalt. An den Wänden bis zur Decke hinauf Bücher: In einer Ecke Bronzeabguss einer Büste des Kaisers Marc Aurel. Zwei gegenüberliegende Türen zu den übrigen Räumen stehen offen, ebenso die Flügel
5 *einer breiten Glastür vor einem steinernen Balkon in der Hinterwand. Einige große Globen stehen auf der Erde, auf einem der Tische ein Mikroskop. Hinter dem Balkon sind die Wipfel eines Parkes sichtbar, von dort dringt Jazzmusik herauf. Heißer Julitag, mittags gegen ein Uhr.*
Es treten ein: Bettina Clausen, begleitet von Professor Geiger.

Gerhart Hauptmann: Sämtliche Werke, hrsg. von Hans-Egon Hass © 1996 Propyläen Verlag in der Ullstein Buchverlage GmbH, Berlin

Die Gruppenarbeitsergebnisse werden im Unterrichtsgespräch diskutiert. Folgende Ergebnisse sind denkbar:

Baustein 5: Die Struktur des Dramas

Vergleich der Regieanmerkungen zum ersten Akt

Vor Sonnenaufgang
- Beschreibung des Wohnraumes konzentriert sich auf Vergangenes und Gegenwärtiges (Luxus und Gemälde)
- umfassende Personenbeschreibung

Vor Sonnenuntergang
- Beschreibung des Bibliotheks- und Arbeitszimmers vermittelt Eindruck umfassender Bildung
- umfassende Beschreibung des Gartens mit Hinweis auf die Feierlichkeit

**Umfassende Beschreibungen mit Schwerpunktverlagerung:
Personen vs. Umgebung**

Wenn beide Dramen vorliegen und den Schülerinnen und Schülern bekannt sind, kann der Einsatz der Regieanweisungen weiterhin verglichen werden. Dabei wird sich zeigen, dass sie quantitativ unterschiedlich eingesetzt werden, sich grundsätzlich jedoch ähneln.
Die Begründung dafür liegt sicher in dem unterschiedlichen literarischen und dichterischen Anspruch Hauptmanns.
Die Ähnlichkeit in Struktur und Anlage beider Dramen bestätigt Hauptmanns „Gradlinigkeit" und seine geringe Flexibilität in Bezug auf neue literarische Formen und auf einen gesellschaftspolitischen Inhalt (s. dazu Baustein 2).
Es lassen sich noch weitere Vergleichspunkte anführen, die als Beleg für Hauptmanns „Rückwärtsgewandtheit" stehen: Während im Drama „Vor Sonnenaufgang" die Erbkrankheiten eine große Rolle spielen, werden sie im Drama „Vor Sonnenuntergang" lediglich kurz erwähnt; der Sanitätsrat Steynitz überprüft anhand einer Blutprobe Inkens ihren Gesundheitszustand. Er handelt in diesem Bereich gleichsam autonom (s. dazu S. 19), nicht auf Anweisung Clausens.

Pyramidenschema des fünfaktigen Regeldramas nach Gustav Freytag (1863)

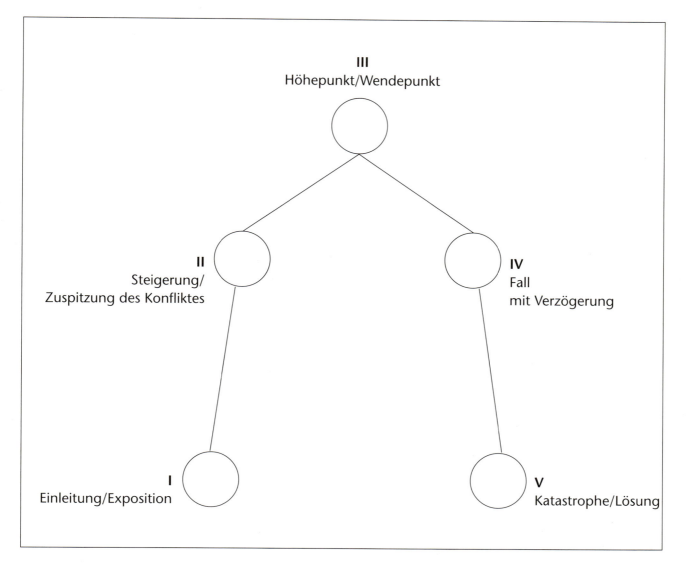

■ Stellen Sie den Verlauf der dramatischen Handlung im Schauspiel „Vor Sonnenuntergang" dar. Greifen Sie dabei ggf. auf die Ausführungen von G. Freytag zur Funktion der einzelnen Akte zurück (Zusatzmaterial 11). Präsentieren Sie Ihre Ergebnisse auf einem Plakat oder einer Folie.

Vergleich der Regieanmerkungen in „Vor Sonnenaufgang" und in „Vor Sonnenuntergang"

ERSTER AKT (Vor Sonnenaufgang)

Das Zimmer ist niedrig; der Fußboden mit guten Teppichen belegt. Moderner Luxus auf bäuerliche Dürftigkeit gepfropft. An der Wand hinter dem Esstisch ein Gemälde, darstellend einen vierspännigen Frachtwagen, von einem Fuhrknecht in blauer Bluse geleitet. Miele, eine robuste Bauernmagd mit rotem, etwas stumpfsinnigen Gesicht; sie öffnet die Mitteltür und lässt Alfred Loth eintreten. Loth ist mittelgroß,
5 breitschultrig, untersetzt, in seinen Bewegungen bestimmt, doch ein wenig ungelenk; er hat blondes Haar, blaue Augen und ein dünnes, lichtblondes Schnurrbärtchen, sein ganzes Gesicht ist knochig und hat einen gleichmäßig ernsten Ausdruck. Er ist ordentlich, jedoch nichts weniger als modern gekleidet. Sommerpaletot, Umhängetäschchen, Stock.

Gerhart Hauptmann: Sämtliche Werke, hrsg. von Hans-Egon Hass © 1996 Propyläen Verlag in der Ullstein Buchverlage GmbH, Berlin

ERSTER AKT (Vor Sonnenuntergang)

Das Bibliotheks- und Arbeitszimmer des Geheimrats Matthias Clausen in dessen Stadthaus. Über dem Kamin links das Bildnis eines schönen jungen Mädchens, von Fritz August Kaulbach gemalt. An den Wänden bis zur Decke hinauf Bücher: In einer Ecke Bronzeabguss einer Büste des Kaisers Marc Aurel. Zwei gegenüberliegende Türen zu den übrigen Räumen stehen offen, ebenso die Flügel einer breiten Glastür
5 vor einem steinernen Balkon in der Hinterwand. Einige große Globen stehen auf der Erde, auf einem der Tische ein Mikroskop. Hinter dem Balkon sind die Wipfel eines Parkes sichtbar, von dort dringt Jazzmusik herauf. Heißer Julitag, mittags gegen ein Uhr.
Es treten ein: Bettina Clausen, begleitet von Professor Geiger.

Gerhart Hauptmann: Sämtliche Werke, hrsg. von Hans-Egon Hass © 1996 Propyläen Verlag in der Ullstein Buchverlage GmbH, Berlin

- *Vergleichen Sie die Regieanmerkungen zum ersten Akt aus den Dramen „Vor Sonnenaufgang" und „Vor Sonnenuntergang".*
- *Beurteilen Sie vor dem Hintergrund Ihrer Dramenkenntnisse Aufbau und Inhalt der Regieanmerkungen.*

Baustein 6

Das klassische Humanitätsideal im Drama

In diesem Baustein sollen die Aufgaben und Leistungen des Dichters und sein dichterisches Selbstverständnis in Auseinandersetzung mit dem Zeitgeist thematisiert werden. Den Schwerpunkt bildet in diesem Zusammenhang Hauptmanns „Stilkonservatismus", seine überaus kritische Sicht, wenn nicht gar Ablehnung der sogenannten „neuen Medien" und seine Verwurzelung im „Alten".

Vor diesem Hintergrund bietet sich ein Bezug zur Theaterkonzeption Brechts an, die Hauptmann überaus kritisch sah. In Auseinandersetzung mit der Theaterkonzeption Bertolt Brechts wird ein Bezug zum Drama Hauptmanns hergestellt.

In einem ersten Schritt dieses Bausteins soll, ausgehend von den Bildungsvorstellungen Clausens, das Bildungsideal Hauptmanns an Texten, die über den Drameninhalt hinausweisen, vertieft werden. Dass sich Hauptmann dem humanistischen Bildungsideal verpflichtet fühlt, wurde hinreichend dargelegt (s. Baustein 2). An dieser Stelle kann auf Baustein 2 (**Arbeitsblatt 7**, S. 38) zurückgegriffen werden.

Im Einzelnen geht es um folgende Erarbeitungsschritte:
- Der Bildungsbegriff Clausens
- Bezug zum klassischen Bildungsbegriff
- Hauptmanns Stilkonservatismus

6.1 Der Bildungsbegriff Clausens – „Klöße haben keinen Sinn für Verantwortung" (S. 92)

Matthias Clausen und sein Schwiegersohn Klamroth sind als Spieler und Gegenspieler konstruiert. Dieser Kontrast zeigt sich in den Verweisen und Anspielungen Clausens auf die alte und neue Zeit.

Egmont etwa hält das „Grau-in-Grau [der] Nachkriegsepoche auf die Dauer" (S. 17) nicht aus. Früher sprach man von „Glückseligkeit" (S. 17), und „[h]eute redet man nur noch von Fertigfabrikaten, Halbfabrikaten und Rohstoffen …" (S. 17). Clausen als Geschäftsmann und erfolgreichem Unternehmer ist es gelungen, „Glückseligkeit" (S. 17) mit lukrativem Wirtschaftswachstum zu verknüpfen. Er konnte offenbar „Geschäftsmann" und „Gelehrter" (S. 16) sein. Mit der Änderung gesellschaftspolitischer Verhältnisse geht ein wirtschaftlicher Wandel einher. Klamroth fehlen die geistigen Gaben, er ist ausschließlich ein „Businessman" (S. 31), denn die „neuere Zeit sieht mehr und mehr ihren einzigen Zweck im Profitmachen" (S. 31). In einer Zeit der Mechanisierung und Profitmaximierung gebe es, so äußert sich Klamroth abfällig, für „philosophische[n] Tischreden" (S. 61) keinen Platz mehr. Allein das Materielle steht für ihn im Vordergrund. Nicht verwunderlich ist es daher, dass Clausen die Handlungen seines Schwiegersohnes mit den Gedanken an Tod und Ende verbindet; denn, so sagt Clausen, nur bei einem flüchtigen Gedanken an Klamroth sehe er sofort den Lauf einer Waffe auf sich selbst gerichtet. Bildreich wird an dieser Stelle gewissermaßen die alte Zeit (als Vertreter gilt Clausen) durch die neue Zeit (Vertreter ist Klamroth) abgelöst. Wenn Clausen entscheidet, „das Seil zu kappen, das [ihn] an [sein] altes Schiff und [seinen] alten

Kurs gebunden hält" (S. 34), zeigt das seine Gradlinigkeit. Nur bei einem klaren Kurswechsel könne er weiterleben (vgl. S. 34). Dass er hier an seine Geschäftsübergabe bzw. -aufgabe denkt, ist wahrscheinlich, denn Klamroth kommt als neuer Chef infrage. Dass sich die Kinder, die Erben jener Humanität, willig den „Spürhunden" (S. 79) zurechnen und sich das „Recht der Inquisition" (S. 79) herausnehmen, ist als „Ausverkauf des Geistes von Weimar im Deutschland vor Sonnenuntergang"[1] zu verstehen.

Mit der Materialisierung der Gesellschaft geht eine Veränderung des Menschen einher. Die Charakterisierung Klamroths (Baustein 3) spricht für sich. Von seinen Kindern wünscht sich Clausen Bildung und Verantwortung im Sinne des klassischen Ideals: „Meine Kinder freilich wären imstande, von sich zu glauben, sie besäßen Eigenschaften, wie sie für die Leitung eines solchen Betriebes notwendig sind. Sie würden aber nichts weiter tun, als sich ihrem Schwager Klamroth ausliefern, [...] meine Söhne und Töchter [würden] sehr bald von ihm zu einer Art Almosenempfänger herabgedrückt und erniedrigt sein" (S. 92).

Die Erarbeitung des Bildungsbegriffs kann mit einem Wortfeld zum Thema „Bildung" eingeleitet werden. Die Schülerinnen und Schüler sammeln Begriffe und Wendungen, die ihr Verständnis von „Bildung" dokumentieren. Anschließend markieren sie Bereiche, die sich mit dem Schauspiel in Verbindung bringen lassen.

- *Entwickeln Sie ein Wortfeld zum Begriff „Bildung". Fügen Sie auch Begriffe hinzu, die einen weiteren thematischen Zusammenhang aufweisen.*

- *Markieren Sie anschließend die Begriffe, die sich mit dem Schauspiel bzw. der Figur Matthias Clausen in Verbindung bringen lassen.*

Nachdem das Wortfeld erarbeitet und Verbindungen zum Schauspiel diskutiert worden sind, soll eine detaillierte Analyse des Bildungsbegriffs im Schauspiel erfolgen. Es erscheint sinnvoll, vor Beginn der Erarbeitungsphase auf einschlägige Textpassagen zu verweisen. Zu nennen sind S. 16–17, 31, 33–34, 76–77, 78–79, 92. Zur Erarbeitung, die in Gruppen oder in häuslicher Vorbereitung geschehen kann, erhalten die Schülerinnen und Schüler folgende Aufträge:

- *Lesen Sie die Textauszüge gründlich und markieren Sie die Stellen, in denen ein thematischer Bezug zum Bildungsbegriff sichtbar wird. Beziehen Sie den Verweis auf die alte und die neue Zeit in Ihre Überlegungen mit ein.*

- *Notieren Sie die Ergebnisse stichpunktartig.*

Die Auswertung kann anhand einer von einer zuvor ausgewählten Schülergruppe erstellten Folie geschehen; diese wird dann im Unterrichtsgespräch besprochen und sinnvoll ergänzt.

Clausen vertritt ein Bildungsideal, das er offenbar in seinen Kindern nicht wiederfindet. Zur Vertiefung dieses Aspekts wird die Bearbeitung des Textes „Verknüpfung unseres Ichs mit der Welt" (**Arbeitsblatt 15**, S. 94) vorgeschlagen. Der Text thematisiert den Bildungsgedanken Humboldts und seine Auffassung vom Wesen des Menschen.

- *Erarbeiten Sie auf der Grundlage des Textes „Verknüpfung unseres Ichs mit der Welt" Wilhelm von Humboldts Ansicht über das Wesen des Menschen.*

- *Diskutieren Sie, inwieweit die Personen im Drama den von Humboldt vertretenen Vorstellungen entsprechen.*

---

[1] Schulz, 1964, S. 285

Humboldt stellt bloßem Wissen und Können, d. h. der „wissenschaftlichen Ausbildung des Kopfes", die allgemeine und nützlichere Ausbildung der Gesinnungen gegenüber. Er kontrastiert also die rein wissenschaftliche Ausbildung, das bloße Wissen und Können, mit der Ausbildung des inneren Menschen, der Gesinnung. Man brauche, um existieren zu können, etwas, eine Welt, an der man sich orientieren und messen könne. Bildung wird verstanden als eine Formung des ganzen Menschen über die Beherrschung von Einzelgebieten hinaus. Stets ist Bildung zu sehen in einer Wechselwirkung mit der den Menschen umgebenden Welt zum Zweck seiner inneren Verbesserung und Veredelung.

Wenn Humboldt formuliert, das Ziel eines jeden Menschen sei es, dem Begriff der Menschheit in jeder Person durch eigenes Wirken den größtmöglichen Inhalt zu verschaffen, erinnert er damit an Kants kategorischen Imperativ.

> **Bildungsideal Humboldts**
> - Bildung als Formung des ganzen Menschen über Einzeldisziplinen hinaus
> - Verbesserung und Veredelung des Selbst in beständiger Wechselwirkung mit der umgebenden Welt

Ergänzend kann der Text „Humanität als Ziel" von J. G. Herder (**Arbeitsblatt 16**, S. 95) eingesetzt werden. Humanität, so Herder, ist dem Menschen eigentümlich, sie ist gleichsam der Charakter eines Menschen. Als solcher muss die Humanität dem Menschen „angebildet" werden. Im Menschen selbst gibt es keine Angelität, keine Göttlichkeit. Das Göttliche ist „Bildung zur Humanität". Ohne Bildung zur Humanität verroht der Mensch.

■ *Erarbeiten Sie die Hauptaussage des Textes. Was versteht Herder unter „Humanität"?*

■ *Diskutieren Sie, inwieweit sich das von Herder geforderte Humanitätsideal auf die Personen des Dramas anwenden lässt.*

6.2 Hauptmanns Stilkonservatismus

Die Rückwärtsgewandtheit Hauptmanns, seine kritische Sicht auf den Fortbestand des Theaters vor dem Hintergrund der sich entwickelnden kommunikativen Massenmedien fügt sich organisch in das Bild des Literaten und Dichters ein.

Hauptmann hat eine kritische Sicht auf die neuen Medien und die sich verändernde literarische Landschaft seiner Zeit (s. dazu auch Baustein 2). Im Gegensatz zu Hauptmann gab es eine Reihe von Schriftstellern und Literaturkritikern, die seine Sichtweise nicht bestätigten. Der Soziologe Fritz Sternberg[1] betont die Gegenläufigkeit von zunehmender Mechanisierung und Technisierung der Gesellschaft bei gleichzeitigem Verlust der Individualität. Vor diesem Hintergrund beklagt Sternberg in einem offenen Brief an Brecht den Niedergang des Dramas. Der Text von Sternberg, „Der Niedergang des Dramas" (**Arbeitsblatt 17**, S. 96–97), kann in diesem Zusammenhang bearbeitet werden.

■ *Welche Gründe sieht Sternberg für den Niedergang des Dramas?*

■ *Stellen Sie eine Verbindung zum Inhalt des Schauspiels „Vor Sonnenuntergang" her.*

---

[1] Fritz Sternberg (1895, Breslau – 1963, München), Soziologe

Baustein 6: Das klassische Humanitätsideal im Drama

■ *Diskutieren Sie, inwieweit Hauptmanns „Stilkonservatismus" der Auffassung Sternbergs entspricht.*

Der Verzicht auf die Produktion des Dramas zeige, so Sternberg, den „geistigen Abstieg der Epoche" (Z. 10). Die „Mechanisierung des gesamten Daseins" (Z. 14/15) bedingt den Untergang des Einzelnen und damit den des Individuums und auch den des Dramas. An die Stelle des Einzelnen ist das Kollektiv getreten. Die Dichter als Wahrheitskünder werden abgelöst durch Literaten. In dem Maß, wie das Individuum schwindet, schwindet das Drama und schwinden die Dichter. Einzelschicksale werden nicht mehr als solche betrachtet und dargestellt, sondern als Schicksale des „Kollektivs", d.h., es geht um die Darstellung von „Typen". Es entsteht eine neue literarische Stilrichtung. Je geringer der Aktionsradius des Einzelnen wird, desto größer wird die kollektive Kraft.

Bevor Sternbergs Text bearbeitet wird, sollten die Schülerinnen und Schüler bestimmte Hintergrundinformationen erhalten: Zunächst sollte die Unterscheidung zwischen Dichter und Schriftsteller, auf die Sternberg anspielt, klar sein. Zum Verständnis dieser Unterscheidung kann der Textauszug „Gerhart Hauptmann und Thomas Mann" (**Arbeitsblatt 18**, S. 98) in Einzelarbeit bzw. Partnerarbeit erarbeitet werden. Entscheidende Aussagen können von vorher ausgewählten Schülerinnen bzw. Schülern auf einer Folie präsentiert und im Plenum ausgewertet werden.

Die Schülerinnen und Schüler erhalten folgenden Arbeitsauftrag:

■ *Worin besteht der Unterschied zwischen Dichter, Schriftsteller und Literat? Gestalten Sie Ihre Arbeitsergebnisse in Form einer Strukturskizze (Folie).*

Folgende Ergebnissicherung wird vorgeschlagen:

Dichter	Schriftsteller	Literat
Dichter • Offenbarung des Daseins • Einblick in das wahre Leben • poetisch, metaphorischer Sprachgebrauch	**Schriftsteller** • Sachliche Darstellung der Wirklichkeit • Verzicht auf poetische Sprache	**Literat** • Wiederholung von bereits Gesagtem (der Dichter und Schriftsteller)

Im Zusammenhang mit dem von Sternberg verwendeten Begriff „Kollektiv" sollen die Schülerinnen und Schüler die Definition des Begriffs „Typus" kennenlernen (s. dazu **Arbeitsblatt 19**, S. 99).

Lexikonartikel „Typus"

Type, Typus (griech. *typos* = Schlag, Gestalt), im Ggs. zum → Charakter bestimmte überindividuell unveränderl. Figur mit feststehenden Merkmalen, die bes. im Drama in ihrer Art nach Alter, Temperament, Beruf und Stand festgelegt ist und in den verschiedensten Stücken in gleicher Weise in gleicher Funktion wiederkehrt [...]. Im ernsten Drama dagegen bezweckt
5 die typisierende Darstellung durch den Verzicht auf Individualität ihrer Figuren und Einmaligkeit ihrer Ereignisse die Veranschaulichung des Allgemeingültigen, Menschlichen und neigt somit zur Idealisierung. Sie bezeichnet ihre Figuren bewusst durch Standes- oder Berufszugehörigkeit (der Sohn, der Soldat) als stellvertretend für eine bestimmte Klasse oder Volksschicht [...]

Aus: Gero von Wilpert, Sachwörterbuch der Literatur, 8. Aufl. 2001, Alfred Kröner Verlag, Stuttgart

■ *Formulieren Sie die Definition des Begriffs „Typus" in eigenen Worten.*

■ *Stellen Sie eine Verbindung her zwischen dieser Definition und den Aussagen Sternbergs.*

Schließlich stellt Sternberg die Frage nach dem Stoff des Dramas und dessen Aktualität (vgl. Z. 77 f.).

■ *Welche Gründe sieht Sternberg für den Niedergang des Dramas? Berücksichtigen Sie die Unterscheidung zwischen Dichter und Schriftsteller.*

Gründe für den Niedergang des Dramas

- das Drama greift Konflikte des Einzelnen auf
- Verlust der Individualität durch Mechanisierung bedingt den Niedergang des Dramas

➔ **Qualität der Dramenstoffe muss sich an aktuellen Problemen und Konflikten orientieren.**

■ *Stellen Sie eine Verbindung zum Inhalt des Dramas her.*

■ *Diskutieren Sie, inwieweit Hauptmanns „Stilkonservatismus" der Auffassung Sternbergs entspricht.*

Während Hauptmann neuen literarischen Formen ablehnend gegenübersteht, betont Brecht eine neue Form des Theaters. In seiner Vorstellung des epischen Theaters will er in Abgrenzung zum dramatischen Theater eine Identifikation von Schauspieler und Zuschauer mit dem Bühnengeschehen vermeiden. Die Darstellung auf der Bühne soll aus einer inneren Distanz des Zuschauers zum Dargestellten vermittelt werden. Das emotionale Miterleben, die Selbstfindung, die Flucht aus dem Alltag werden ersetzt durch die Demonstration gesellschaftlicher Vorgänge, durch Verzicht und Vermeiden von Emotionen. Ziel des epischen Theaters ist die Vermittlung einer neuen Haltung des Menschen zur Welt: Durch Eingreifen in gesellschaftliche Verhältnisse ist eine Veränderung möglich. Der Mensch wird zur kritischen Reflexion über die gesellschaftlichen Verhältnisse aufgefordert, er wird desillusioniert und aufgerüttelt, Veränderungen zu bewirken. Brecht hat in dem Text „Die Straßenszene als Grundmodell für episches Theater" (**Arbeitsblatt 20**, S. 100) seine Vorstellungen über die Leistung des Theaters zusammengefasst.

Baustein 6: Das klassische Humanitätsideal im Drama

- *Sie sind Zeuge eines Unfalls geworden und werden gebeten, den Unfallhergang zu beschreiben. Schildern Sie Ihre Beobachtungen.*

- *Reflektieren Sie Ihre Darstellung: Welche Darstellungsweisen wären unangemessen gewesen? Welche Anforderungen werden an Ihren Vortrag gestellt?*

- *Bertolt Brecht sieht in dem Vorgang, wie Sie ihn präsentiert haben, ein Grundmodell für das epische Theater. Übertragen Sie Ihre Ergebnisse auf eine Bühnendarstellung.*

In der folgenden Sequenz sollen die Schülerinnen und Schüler Ihre Arbeitsergebnisse mit der Darstellung Brechts (**Arbeitsblatt 20**, S. 100) vergleichen und diskutieren. Eine genaue Texterarbeitung wird die Auffassung Brechts vertiefen.

- *Formulieren Sie auf der Grundlage des Textes „Die Straßenszene als Grundmodell für episches Theater" von Bertolt Brecht (Arbeitsblatt 20), was eine Bühnengestaltung vermeiden und was sie leisten soll.*

Brechts episches Theater

Vermeidung
- eines genussvollen Erlebnisses und einer Flucht aus dem Alltag
- von Emotionserzeugungen

Forderung
- Demonstration gesellschaftlicher Vorgänge
- Vermittlung einer neuen Haltung des Menschen

➔ **Gesellschaftliches Eingreifen und Verändern**

In der folgenden Sequenz stehen die Methoden, die Brecht wählt, um die Ziele seiner Theaterkonzeption zu erreichen, im Mittelpunkt. Der Verfremdungseffekt (V-Effekt) bezieht sich auf die Illusionsbrechung als künstlerisches Verfahren zur Entlarvung gesellschaftlicher Missstände. Dabei greift Brecht auf unterschiedliche gestalterische Mittel zurück: Spruchbänder, Projektionen, Songs, das Umkleiden der Schauspieler auf der Bühne.
Die Abhandlung Brechts „Die Bühne begann zu erzählen" (**Arbeitsblatt 21**, S. 101) stellt Brechts Methoden zur Theaterkonzeption vor und zeigt zugleich seine Abwendung vom naturalistischen Theater. Der Einzelne erhält eine andere Bedeutung. Er erscheint nicht mehr determiniert und damit grundsätzlich handlungsunfähig, sondern als Handelnder, als potenzieller Veränderer. Er hat Handlungsalternativen. Das „Natürliche" wird ersetzt durch das „Auffällige".

- *Benennen Sie aus dem Text „Die Bühne begann zu erzählen" (Arbeitsblatt 21) die Methoden, die Brecht in seinem Theater anwendet, um die von ihm gewünschte Verfremdung zu erreichen.*

- *Welche besonderen Anforderungen werden bei der Inszenierung eines Theaterstücks von Bertolt Brecht an die Schauspieler und Bühnenbildner gestellt?*

- *Beschreiben Sie die Wirkung der Inszenierungsweise auf die Zuschauer.*
- *Brecht distanziert sich vom Illusionstheater des Naturalismus wie vom dramatischen Theater allgemein. Zeigen Sie, an welchen Stellen diese Abgrenzung im Text „Die Bühne begann zu erzählen" deutlich wird.*

In der Theaterkonzeption Brechts werden gesellschaftspolitische, sozialkritische Verhältnisse niemals nur dargestellt, sondern immer mit einer kritischen Sicht, einem Nachdenken über Veränderungen verknüpft. Hauptmanns Konzeption entspricht diesem Anspruch nicht. Sein Protagonist ist den gesellschaftlichen Veränderungen nicht gewachsen und scheitert. Auswege aus dieser Situation werden nicht aufgezeigt.

- *Beziehen Sie Ihre Erkenntnisse auf das Drama „Vor Sonnenuntergang". Stellen Sie Ihre Ergebnisse zur Diskussion.*
- *Stellen Sie sich vor, Sie müssten Hauptmanns Drama im Sinne eines epischen Theaters konzipieren. Welche Veränderungen würden Sie vornehmen?*

Wilhelm von Humboldt: Verknüpfung unseres Ichs mit der Welt

Besonders Humboldt, aber auch Schiller und Herder haben die Theorie der klassischen Bildungsidee maßgeblich beeinflusst. In besonderem Maße hat sich Hauptmann dieser Idee in seinem Schauspiel „Vor Sonnenuntergang" angeschlossen.

Der Mathematiker, der Naturforscher, der Künstler, ja oft selbst der Philosoph beginnen nicht nur jetzt gewöhnlich ihr Geschäft, ohne seine eigentliche Natur zu kennen und es in seiner Vollständigkeit zu übersehen, sondern auch nur wenige erheben sich selbst späterhin zu diesem höheren Standpunkt und dieser allgemeineren Übersicht. In einer noch schlimmeren Lage aber befindet sich derjenige, welcher, ohne ein einzelnes jener Fächer ausschließend zu wählen, nur aus allen für seine Ausbildung Vorteil ziehen will. In der Verlegenheit der Wahl unter mehreren, und aus Mangel an Fertigkeit, irgendeins, aus den engeren Schranken desselben heraus, zu seinem eignen allgemeineren Endzweck zu benutzen, gelangt er notwendig früher oder später dahin, sich allein dem Zufall zu überlassen und was er etwa ergreift, nur zu untergeordneten Absichten, oder bloß als ein zeitverkürzendes Spielwerk zu gebrauchen. Hierin liegt einer der vorzüglichsten Gründe der häufigen und nicht ungerechten Klagen, dass das Wissen unnütz und die Bearbeitung des Geistes unfruchtbar bleibt, dass zwar Vieles um uns her zu Stande gebracht, aber nur wenig in uns verbessert wird, und dass man über der höheren, und nur für wenige tauglichen wissenschaftlichen Ausbildung des Kopfes die allgemeiner und unmittelbarer nützliche der Gesinnungen vernachlässigt.

Im Mittelpunkt aller besonderen Arten der Tätigkeit nämlich steht der Mensch, der ohne alle, auf irgendetwas Einzelnes gerichtete Absicht, nur die Kräfte seiner Natur stärken und erhöhen, seinem Wesen Wert und Dauer verschaffen will. Da jedoch die bloße Kraft einen Gegenstand braucht, an dem sie sich üben, und die bloße Form, der reine Gedanke, einen Stoff, in dem sie, sich darin ausprägend, fortdauern könne, so bedarf auch der Mensch einer Welt außer sich. Daher entspringt sein Streben, den Kreis seiner Erkenntnis und seiner Wirksamkeit zu erweitern, und ohne dass er sich selbst deutlich dessen bewusst ist, liegt es ihm nicht eigentlich an dem, was er von jener erwirbt, oder vermöge dieser außer sich hervorbringt, sondern nur an seiner inneren Verbesserung und Veredlung, oder wenigstens an der Befriedigung der innern Unruhe, die ihn verzehrt. Rein und in seiner Endabsicht betrachtet, ist sein Denken immer nur ein Versuch seines Geistes, vor sich selbst verständlich, sein Handeln ein Versuch seines Willens, in sich frei und unabhängig zu werden, seine ganze äußere Geschäftigkeit überhaupt aber nur ein Streben, nicht in sich müßig zu bleiben. Bloß weil beides, sein Denken und sein Handeln nicht anders, als nur vermöge eines Dritten, nur vermöge des Vorstellens und des Bearbeitens von etwas möglich ist, dessen eigentlich unterscheidendes Merkmal es ist, Nicht-Mensch, d. i. Welt zu sein, sucht er, soviel Welt, als möglich zu ergreifen, und so eng, als er nur kann, mit sich zu verbinden.

Die letzte Aufgabe unseres Daseins: dem Begriff der Menschheit in unsrer Person, sowohl während der Zeit unseres Lebens, als auch noch über dasselbe hinaus, durch die Spuren des lebendigen Wirkens, die wir zurücklassen, einen so großen Inhalt, als möglich, zu verschaffen, diese Aufgabe löst sich allein durch die Verknüpfung unsres Ichs mit der Welt zu der allgemeinsten, regesten und freiesten Wechselwirkung.

Aus: W. v. Humboldt: Theorie der Bildung des Menschen, 1793, S. 282f.

- Erarbeiten Sie auf der Grundlage des Textes „Verknüpfung unseres Ichs mit der Welt" Wilhelm von Humboldts Ansicht über das Wesen des Menschen.

- Diskutieren Sie, inwieweit die Personen im Drama den von Humboldt vertretenen Vorstellungen entsprechen.

Johann Gottfried Herder: Humanität als Ziel

Sie fürchten, dass man dem Wort Humanität einen Fleck anhängen werde; könnten wir nicht das Wort ändern? *Menschheit, Menschlichkeit, Menschenrechte, Menschenpflichten, Menschenwürde, Menschenliebe?* Menschen sind wir allesamt, und tragen sofern die Menschheit an uns, oder wir gehören zur Menschheit. Leider aber hat man in unserer Sprache dem Wort Mensch und noch mehr dem barmherzigen Wort *Menschlichkeit* so oft eine Nebenbedeutung von Niedrigkeit, Schwäche und falschem Mitleid angehängt, dass man jenes nur mit einem Blick der Verachtung, dies mit einem Achselzucken zu begleiten gewohnt ist. „*Der Mensch!*" sagen wir jammernd oder verachtend und glauben, einen guten Mann aufs Lindeste mit dem Ausdruck zu entschuldigen, es habe ihn die Menschlichkeit übereilet. Kein Vernünftiger billigt es, dass man den Charakter des Geschlechts, zu dem wir gehören, so barbarisch hinabgesetzt hat: man hat hiemit unweiser gehandelt, als wenn man den Namen seiner Stadt oder Landsmannschaft zum Ekelnamen machte. Wir also wollen uns hüten, dass wir zu Beförderung solcher Menschlichkeit keine Briefe schreiben.

Der Name *Menschenrechte* kann ohne *Menschenpflichten* nicht genannt werden; beide beziehen sich aufeinander, und für beide suchen wir Ein Wort.

So auch *Menschenwürde* und *Menschenliebe*. Das Menschengeschlecht, wie es jetzt ist und wahrscheinlich lange noch sein wird, hat seinem größten Teil nach keine Würde: man darf es eher bemitleiden als verehren. Es soll aber zum Charakter seines *Geschlechts*, mithin auch zu dessen Wert und Würde gebildet werden. Das schöne Wort Menschenliebe ist so trivial worden, dass man meistens die Menschen liebt, um keinen unter den Menschen wirksam zu lieben. Alle diese Worte enthalten Teilbegriffe unseres Zwecks, den wir gern mit Einem Ausdruck bezeichnen möchten.

Also wollen wir bei dem Wort *Humanität* bleiben, an welches unter Alten und Neuern die besten Schriftsteller so würdige Begriffe geknüpft haben. Humanität ist der Charakter unsres *Geschlechts;* er ist uns aber nur in Anlagen angeboren, und muss uns eigentlich angebildet werden. Wir bringen ihn nicht fertig auf die Welt mit; auf der Welt aber soll er das Ziel unsres Bestrebens, die Summe unsrer Übungen, unser *Wert* sein; denn eine *Angelität* im Menschen kennen wir nicht, und wenn der Dämon, der uns regiert, kein humaner Dämon ist, werden wir Plagegeister der Menschen. Das *Göttliche* in unserm Geschlecht ist also *Bildung zur Humanität;* alle großen und guten Menschen, Gesetzgeber, Erfinder, Philosophen, Dichter, Künstler, jeder edle Mensch in seinem Stande, bei der Erziehung seiner Kinder, bei der Beobachtung seiner Pflichten, durch Beispiel, Werk, Institut und Lehre hat dazu mitgeholfen. Humanität ist der Schatz und die Ausbeute aller menschlichen Bemühungen, gleichsam die Kunst unsres Geschlechtes. Die Bildung zu ihr ist ein Werk, das unablässig fortgesetzt werden muss; oder wir sinken, höhere und niedere Stände, zur rohen Tierheit, zur Brutalität zurück. [...]

Johann Gottfried Herder: Briefe zur Beförderung der Humanität, 1793–1797. 3. Sammlung, 27. Brief, S. 106f.

- Erarbeiten Sie die Hauptaussage des Textes. Was versteht Herder unter „Humanität"?
- Diskutieren Sie, inwieweit sich das von Herder geforderte Humanitätsideal auf die Personen des Dramas anwenden lässt.

Fritz Sternberg: Der Niedergang des Dramas

**Brief an einen Dramatiker von Herrn X.
[Auszug]**

Fritz Sternberg wurde 1885 in Breslau geboren und starb 1963 in München. Als Soziologe verband ihn eine innige Freundschaft mit Bertolt Brecht. Mit seinen Ausführungen über den „Niedergang des Dramas" kommt er einem Wunsch Brechts nach. In der Veröffentlichung bezeichnete er sich als „Herr X", Brecht wurde „Herr B" genannt.

Lieber Herr B.!

Sie erinnern sich an unser Gespräch über den Niedergang des heutigen Dramas; ich kann Ihnen nur noch einmal wiederholen: ich sehe darin keinen historischen Zufall, sondern ganz im Gegenteil eine historische Notwendigkeit. Wie das Drama den Mittelpunkt der literarischen Produktion darstellt und so zum Barometer für den literarischen Gehalt einer Epoche wird, so ist es heute nur das deutlichste Zeichen, nur das sichtbarste Symbol für den literarischen, mehr als das: für den geistigen Abstieg der Epoche.

[...] Ich sagte Ihnen, lieber Herr B., dass ich im Niedergang des Dramas eine Notwendigkeit sehe, denn der Niedergang des Dramas geht historisch parallel mit dem Versinken des Individuums, mit der Mechanisierung des gesamten Daseins. Als Hauptmann seine *Weber* schrieb und Zola sein *Germinal*[1], als man zu erkennen begann, dass die Konflikte des einzelnen Individuums nicht mehr die typischen repräsentativen Konflikte der Epoche waren, als man sich der Neuartigkeit der historischen Situation bewusst zu werden begann und versuchte, sie plastisch zu gestalten, dieser neuen Historie ihren „Rhythmus" abzulauschen, da war noch Drama möglich, da standen noch Individuen der verschiedenen Klassen sich als Individuen gegenüber.

Lang' ist es her.
Die Arbeiter lassen nicht mehr Wasser in die Gruben, wie im *Germinal*, sie zünden nicht mehr den Dreißigern[2] das Haus über dem Kopf an, wie in den *Webern*.
Die Individuen sind geschwunden, die Klassen sind an ihre Stelle getreten – aber mit den Individuen sind die Dichter verschwunden. Wenn die Klassen personae dramaticae werden, dann schreiben die Hauptleute nicht ihr Drama, sondern eine Idylle, und lassen auf der Insel der großen Mutter die Menschen selig werden.[3]
Wenn die Klassen personae dramaticae werden, dann führt Galsworthy[4] die *Forsyte Saga* nicht weiter und Thomas Mann nicht die *Buddenbrooks*, sondern man fährt in die Lungenheilanstalt nach Davos und lässt dort kluge Rentner sich über Gott und die Welt unterhalten[5]. Das Individuum ist gestorben, und vor den Kollektivkräften verhüllen die Dichter ihr Haupt und werden zu Literaten.
Die Dichter werden zu Literaten, die Spatzen schreien es von den Dächern – aber das Theater muss doch leben. So ist es auf der einen Seite zu einem wüsten Aneinanderkleben der Werke all der Zeiten gekommen, die einmal ein Drama gekannt haben, auf der anderen Seite zu einer Anstalt, in denen die *Helfer* des Dichters in den Mittelpunkt treten. Der *neue* Stil aber wird davon datiert, *welcher* Helfer jeweils die Führung hat: der Schauspieler, der Regisseur oder der Maler. Und während man noch in den Zeiten Brahms[6] und des jungen Reinhardt[7] die Krise des Dramas und des Theaters lediglich in den Kämpfen der Jungen gegen die Alten sah, lediglich in dem Zerbrechen alter Formen, während die neuen bereits plastisch sichtbar waren, wird heute bereits das Bewusstsein des Niedergangs des Dramas als solchem denjenigen, die den Nerv der Zeit spüren, immer deutlicher. Und so ist es in diesem Zusammenhang nur selbstverständlich, dass jedes auch nur einigermaßen erträgliche Büh-

---
[1] Gerhart Hauptmanns *Die Weber* erschien 1892, Zolas *Germinal* 1885.
[2] Dreißiger: Figur des Industriellen in Hauptmanns
[3] Anspielung auf Gerhart Hauptmanns Roman *Die Insel der großen Mutter* (1925).
[4] John Galsworthys *Forsyte Saga* (1906–1921) erschien 1925 in deutscher Übersetzung.
[5] Gemeint ist Thomas Manns *Zauberberg* (1924).
[6] Otto Brahm (1856–1912) leitete in Berlin ab 1889 den von ihm mitgegründeten Verein „Freie Bühne".
[7] Max Reinhardt (1873–1943) war von 1894 bis 1902 Schauspieler am Deutschen Theater in Berlin.

nenwerk ans Licht gezogen wird und hundert Aufführungen erlebt.

Der Niedergang des Dramas, sagte ich Ihnen, verehrter Herr B., ist nur die historische Begleiterscheinung dessen, dass das Individuum abzusterben beginnt: dass die Signatur der Zeit immer weniger durch einzelne Individuen bestimmt wird, dass ihr Aktionsradius kleiner wird, in umgekehrter Proportionalität zur Entfaltung der Kollektivkräfte, die heute die Geschichte nicht nur bestimmen, sondern auch nach außen immer mehr als die bestimmenden Geschehnisträger sichtbar werden.

Aber ist es denn nicht möglich, dass diese Kollektivgeschichtsträger selbst personae dramaticae werden? Ist es denn nicht möglich, dass das Drama nur darum auf solchen Tiefstand gesunken ist, weil die Schriftsteller – natürlich ohne es zu wissen – nach den Stoffen des Alten, des Gestrigen zu gestalten suchten, und sich um Konflikte mühten, die nicht einmal dem Heute gelten, geschweige denn dem Morgen?
Hier liegt die entscheidende Frage.

In: Berliner Börsen-Courier, 12. Mai 1927, Nr. 219. Wiederabdr. in: Anton Kaes (Hrsg.): Manifeste und Dokumente zur deutschen Literatur 1918–1933. Stuttgart 1983, S. 409–412.

■ *Welche Gründe sieht Sternberg für den Niedergang des Dramas?*

■ *Stellen Sie eine Verbindung zum Inhalt des Schauspiels „Vor Sonnenuntergang" her.*

■ *Diskutieren Sie, inwieweit Hauptmanns „Stilkonservatismus" der Auffassung Sternbergs entspricht.*

Von deutscher Repräsentanz

**Gerhart Hauptmann und Thomas Mann
[Auszug]**

[…]
Es ist eine wohlbekannte Eigentümlichkeit der deutschen Literaturbetrachtung, dass sie zwischen dem Dichter, dem Schriftsteller und dem Literaten eine Unterscheidung trifft, nicht nur, was ihre Wesensnatur angeht, sondern auch, was den Rang ihrer Wertschätzung betrifft; eine Unterscheidung, die nicht wertfrei, sondern durchaus wertbedingt und wertbestimmend ist. […]
Die Dichter nähren sich vom lauteren Quell des Lebens; die Schriftsteller holen sich das Wasser aus der Wasserleitung; was die Literaten trinken, möchte man so genau lieber nicht wissen. Dichter – das ist das Mysterium, die Offenbarung des Daseins aus erster Hand; Schriftsteller – das ist die entzauberte Wirklichkeit aus zweiter Hand; Literat – das ist Aufgelesenes und Aufgeschnapptes, Abgebrühtes und Aufgewärmtes. Der Dichter hat seine Sendung. Der Schriftsteller hat eine Berufung. Dem Literaten empfiehlt man, einen Beruf zu ergreifen, denn er habe bestenfalls eine Beschäftigung, und noch dazu eine parasitäre, da er selbst nicht wahrhaft schöpferisch sei, sondern von dem nutznieße, was die beiden anderen schaffen. Natürlich gibt es Übergänge und Querverbindungen. Ein Literat ist zuweilen einer anerkennenswerten schriftstellerischen Leistung fähig. Ein Schriftsteller kann hin und wieder in die nächste Sphäre aufsteigen und etwas „wahrhaft Dichterisches" vollbringen. Und der Dichter? Er kann besser oder schlechter werden, aber Dichter ist und bleibt er allemal.

Aus: Peter de Mendelssohn: Von deutscher Repräsentanz. München 1972, S. 171–172

■ *Worin besteht der Unterschied zwischen Dichter, Schriftsteller und Literat?*

Lexikonartikel „Typus"

Type, Typus (griech. *typos* = Schlag, Gestalt), im Ggs. Zum → Charakter bestimmte überindividuell unveränderl. Figur mit feststehenden Merkmalen, die bes. im Drama in ihrer Art, Temperament, Beruf und Stand festgelegt sind und in den verschiedensten Stücken in gleicher Funktion wiederkehrt [...]. Im ernsten Drama dagegen bezweckt die typisierende Darstellung durch den Verzicht auf Individualität ihrer Figuren und Einmaligkeit ihrer Ereignisse die Veranschaulichung des Allgemeingültigen, Menschlichen und neigt somit zur Idealisierung. Sie bezeichnet ihre Figuren bewusst durch Standes- oder Berufszugehörigkeit (der Sohn, der Soldat) als stellvertretend für eine bestimmte Klasse oder Volksschicht [...]

Aus: Gero von Wilpert. Sachwörterbuch der Literatur s.v. „Type". Stuttgart 8. Aufl. 2001, S. 856.

- *Formulieren Sie die Definition des Begriffs „Typus" in eigenen Worten.*
- *Stellen Sie eine Verbindung zwischen dieser Definition und den Aussagen Sternbergs her.*

Bertolt Brecht: Die Straßenszene als Grundmodell für episches Theater (1938)

Es ist verhältnismäßig einfach, ein Grundmodell für episches Theater aufzustellen. Bei praktischen Versuchen wählte ich für gewöhnlich als Beispiel allereinfachsten, sozusagen „natürlichen" epischen Theaters
5 einen Vorgang, der sich an irgendeiner Straßenecke abspielen kann: Der Augenzeuge eines Verkehrsunfalls demonstriert einer Menschenansammlung, wie das Unglück passierte. Die Umstehenden können den Vorgang nicht gesehen haben oder nur nicht
10 seiner Meinung sein, ihn „anders sehen" – die Hauptsache ist, daß der Demonstrierende das Verhalten des Fahrers oder des Überfahrenen oder beider in einer solchen Weise vormacht, daß die Umstehenden sich über den Unfall ein Urteil bilden können.
15 Dieses Beispiel epischen Theaters primitivster Art scheint leicht verstehbar. Jedoch bereitet es erfahrungsgemäß dem Hörer oder Leser erstaunliche Schwierigkeiten, sobald von ihm verlangt wird, die Tragweite des Entschlusses zu fassen, eine solche De-
20 monstration an der Straßenecke als Grundform großen Theaters, Theater eines wissenschaftlichen Zeitalters, anzunehmen. […]
Man bedenke: Der Vorgang ist offenbar keineswegs das, was wir unter einem Kunstvorgang verstehen.
25 Der Demonstrierende braucht kein Künstler zu sein. Was er können muß, um seinen Zweck zu erreichen, kann praktisch jeder. Angenommen, er ist nicht imstande, eine so schnelle Bewegung auszuführen, wie der Verunglückte, den er nachahmt, so braucht er nur
30 erläuternd zu sagen: er bewegte sich dreimal so schnell, und seine Demonstration ist nicht wesentlich geschädigt oder entwertet. Eher ist seiner Perfektion eine Grenze gesetzt. Seine Demonstration würde gestört, wenn den Umstehenden seine Verwand-
35 lungsfähigkeit auffiele. Er hat es zu vermeiden, sich so aufzuführen, daß jemand ausruft: „Wie lebenswahr stellt er doch einen Chauffeur dar!" Er hat niemanden „in seinen Bann zu ziehen". Er soll niemanden aus dem Alltag in „eine höhere Sphäre"
40 locken. Er braucht nicht über besondere suggestive Fähigkeiten zu verfügen.
Völlig entscheidend ist es, daß ein Hauptmerkmal des gewöhnlichen Theaters in unserer *Straßenszene* ausfällt: die Bereitung der *Illusion*. Die Vorführung des
45 Straßendemonstranten hat den Charakter der Wiederholung. Das Ereignis hat stattgefunden, hier findet die Wiederholung statt. Folgt die Theaterszene hierin der *Straßenszene*, dann verbirgt das Theater nicht mehr, daß es Theater ist, so wie die Demonstra-
50 tion an der Straßenecke nicht verbirgt, daß sie Demonstration (und nicht vorgibt, daß sie Ereignis) ist. Das Geprobte am Spiel tritt voll in Erscheinung, das auswendig Gelernte am Text, der ganze Apparat und die ganze Vorbereitung. Wo bleibt dann das *Erlebnis*,
55 wird die dargestellte Wirklichkeit dann überhaupt noch erlebt?
Die *Straßenszene* bestimmt, welcher Art das *Erlebnis* zu sein hat, das dem Zuschauer bereitet wird. Der Straßendemonstrant hat ohne Zweifel ein „Erlebnis"
60 hinter sich, aber er ist doch nicht darauf aus, seine Demonstration zu einem „Erlebnis" der Zuschauer zu machen; selbst das Erlebnis des Fahrers und des Überfahrenen vermittelt er nur zum Teil, keinesfalls versucht er, es zu einem genußvollen Erlebnis des Zu-
65 schauers zu machen, wie lebendig er immer seine Demonstration gestalten mag. Seine Demonstration verliert zum Beispiel nicht an Wert, wenn er den Schrecken, den der Unfall erregte, nicht reproduziert; *ja, sie verlöre eher an Wert*. Er ist nicht so auf Erzeugung
70 purer *Emotionen* aus. Ein Theater, das ihm hierin folgt, vollzieht geradezu einen Funktionswechsel, wie man verstehen muß.
Ein wesentliches Element der *Straßenszene*, das sich auch in der *Theaterszene* vorfinden muß, soll sie
75 episch genannt werden, ist der Umstand, daß die Demonstration gesellschaftlich praktische Bedeutung hat. Ob unser Straßendemonstrant nun zeigen will, daß bei dem und dem Verhalten eines Passanten oder des Fahrers ein Unfall unvermeidlich,
80 bei einem andern vermeidlich ist, oder ob er zur Klärung der Schuldfrage demonstriert – seine Demonstration verfolgt praktische Zwecke, greift gesellschaftlich ein.

„Die Straßenszene. Grundmodell einer Szene des epischen Theaters" (Auszug), aus: Bertolt Brecht, Werke. Große kommentierte Berliner und Frankfurter Ausgabe, Band 22: Schriften 2. © Suhrkamp Verlag Frankfurt am Main 1993. Aus lizenzrechtlichen Gründen ist dieser Text nicht in reformierter Rechtschreibung abgedruckt.

■ *Formulieren Sie auf der Grundlage des Textes „Die Straßenszene als Grundmodell für episches Theater" von Bertolt Brecht, was eine Bühnengestaltung vermeiden und was sie leisten soll.*

Bertolt Brecht: Die Bühne begann zu erzählen

Die Umwelt war natürlich auch im bisherigen Drama gezeigt worden, jedoch nicht als selbstständiges Element, sondern nur von der Mittelpunktfigur des Dramas aus. Sie entstand aus der Reaktion des Helden auf sie. Sie wurde gesehen, wie der Sturm gesehen werden kann, wenn man auf einer Wasserfläche die Schiffe ihre Segel entfalten und die Segel sich biegen sieht. Im epischen Theater sollte sie aber selbstständig in Erscheinung treten.

Die Bühne begann zu erzählen. Nicht mehr fehlte mit der vierten Wand zugleich der Erzähler. Nicht nur der Hintergrund nahm Stellung zu den Vorgängen auf der Bühne, indem er auf großen Tafeln gleichzeitige andere Vorgänge an andern Orten in die Erinnerung rief, Aussprüche von Personen durch projizierte Dokumente belegte oder widerlegte, zu abstrakten Gesprächen sinnlich faßbare, konkrete Zahlen lieferte, zu plastischen, aber in ihrem Sinn undeutlichen Vorgängen Zahlen und Sätze zur Verfügung stellte – auch die Schauspieler vollzogen die Verwandlung nicht vollständig, sondern hielten Abstand zu der von ihnen dargestellten Figur, ja forderten deutlich zur Kritik auf.

Von keiner Seite wurde es dem Zuschauer weiterhin ermöglicht, durch einfache Einfühlung in dramatische Personen sich kritiklos (und praktisch folgenlos) Erlebnissen hinzugeben. Die Darstellung setzte Stoffe und Vorgänge einem Entfremdungsprozeß aus. Es war die Entfremdung, welche nötig ist, damit verstanden werden kann. Bei allem „Selbstverständlichen" wird auf das Verstehen einfach verzichtet. Das „Natürliche" mußte das Moment des Auffälligen bekommen. Nur so konnten die Gesetze von Ursache und Wirkung zutage treten. Das Handeln der Menschen mußte zugleich so sein und mußte zugleich anders sein.

„Die Bühne begann zu erzählen" (Auszug), aus: Bertolt Brecht, Vergnügungstheater oder Lehrtheater, in: ders., Werke. Große kommentierte Berliner und Frankfurter Ausgabe, Band 22: Schriften 2. © Suhrkamp Verlag Frankfurt am Main 1993. Aus lizenzrechtlichen Gründen ist dieser Text nicht in reformierter Rechtschreibung abgedruckt.

- Benennen Sie aus dem Text „Die Bühne begann zu erzählen" die Methoden, die Brecht in seinem Theater anwendet, um die von ihm gewünschte Verfremdung zu erreichen.
- Welche besonderen Anforderungen sind bei der Inszenierung eines Theaterstücks von Bertolt Brecht an die Schauspieler und Bühnenbildner gestellt?
- Beschreiben Sie die Wirkung der Inszenierungsweise auf die Zuschauer.
- Brecht distanziert sich vom Illusionstheater des Naturalismus wie vom dramatischen Theater allgemein. Zeigen Sie, an welchen Stellen diese Abgrenzung im Text „Die Bühne begann zu erzählen" deutlich wird.

Gerhart Hauptmann: Biografie

Gerhart Hauptmann

* 15.11.1862 *in Ober-Salzbrunn*
† 6.6.1946 *in Agnetendorf*

Gerhart Hauptmann wurde in dem kleinen Kurort Ober-Salzbrunn in Schlesien als Sohn eines Gastwirts geboren. Er begann ein Bildhauerstudium in Breslau und studierte anschließend Geschichte in Jena und Berlin. Dort nahm er auch Schauspielunterricht und heiratete 1885. Seit diesem Jahr lebte er als freier Schriftsteller. Sein erster Erfolg war die Erzählung *Bahnwärter Thiel*, die Geschichte eines einfachen Mannes, der an seiner zweiten Ehe zerbricht. Der große Durchbruch gelang ihm mit dem Drama *Vor Sonnenaufgang*. Bei dessen Uraufführung am 20. Oktober 1889 im ↗ Theater „Freie Bühne" Berlin kam es zu einem handfesten Tumult. Publikum und Kritik waren gespalten. „Von Akt zu Akt wuchs der Lärm. Schließlich lachte und jubelte, höhnte und trampelte man mitten in die Unterhaltung der Schauspieler hinein", berichtete ein Zeuge des Geschehens. Viele Theaterbesucher waren empört über die naturalistische, d. h. wirklichkeitsnahe Darstellung auch der Schattenseiten des Lebens, die ihnen der junge Dichter hier zumutete: Verschwendungssucht und Laster unter den Reichen im schlesischen Bergbaugebiet und bittere Armut bei den Bauern und Grubenarbeitern. Die Menschen in *Vor Sonnenaufgang* sprechen den ↗ Dialekt ihrer schlesischen Heimat, ihre Sprache ist einfach und oft ganz gewöhnlich. Die Sympathie des Dichters gehörte eindeutig den Unterdrückten. Vergebens forderte der Polizeipräsident von Berlin: „Es muss mit der ganzen Richtung aufgeräumt werden." Aber Hauptmann war mit einem Schlag berühmt und mit ihm eroberte vorübergehend eine neue literarische Richtung die deutschen Bühnen, der ↗ Naturalismus. Berlin wurde eine entscheidende Station. Dort fand er die Stoffe für seine Dramen und die Schauspieler, die sie auf der Bühne verwirklichten. Später lebte er vornehmlich in Agnetendorf im schlesischen Riesengebirge.

Den Höhepunkt des naturalistischen Theaters bildete das soziale Drama *Die Weber* (1892), das erst nach einem Gerichtsverfahren aufgeführt werden durfte. Es ist die Tragödie der schlesischen Weber, die sich 1844 in einer Hungerrevolte erhoben, aber von Truppen blutig niedergeworfen wurden. Naturalistische Mittel setzte Hauptmann auch in der volkstümlichen Diebeskomödie *Der Biberpelz* ein. Die Waschfrau Mutter Wolffen setzt sich darin mit List und Pfiffigkeit gegen die dünkelhaften Beamten durch und gibt sie so der Lächerlichkeit preis. Neue Wege ging der Dichter mit dem Traumspiel *Hannele Matterns Himmelfahrt* (1893), in dem sich ein sterbendes kleines Mädchen im Armenhaus in eine bessere Welt hinüberträumt. Auch in seinem „Märchendrama" *Die versunkene Glocke* (1897) findet sich das Glück in einer anderen, außerirdischen Welt. Es wurde sein zu Lebzeiten meistgespieltes Stück. Sein Mitleid und die Anteilnahme am Schicksal einfacher Leute spiegeln auch die tragischen Stücke *Fuhrmann Henschel* (1899) und *Rose Bernd* (1903). Zu den Höhepunkten seiner Erzählkunst gehört der Roman *Der Narr in Christo Emanuel Quint*, die Geschichte eines religiös verzückten Schreinergesellen, der die Botschaft der christlichen Liebe erneuert und zunächst viele Anhänger um sich versammelt. Freilich begegnen ihm auch Hohn und Ablehnung, die zu Gewalttätigkeiten führen. Nach schlimmen Verfolgungen und Verdächtigungen zieht Quint durch Deutschland in die Schweiz und kommt dort einsam im Schneesturm um.

Hauptmanns Werke fanden auch im Ausland starke Beachtung. Sie wurden vielfach übersetzt und kamen in aller Welt auf die Bühne. Im Jahre 1912 erhielt er den Nobelpreis für Literatur. Für die Deutschen war er besonders nach dem Ersten Weltkrieg eine der großen, gefeierten Dichterpersönlichkeiten. Als einer der wenigen bekannte er sich von Anfang an zur Weimarer Republik. Deshalb gab es sogar Überlegungen, ihn zum Staatsoberhaupt der Republik zu wählen. Ein Höhepunkt dieser Jahre war seine Reise durch die USA.

Während der nationalsozialistischen Diktatur blieb Hauptmann in Deutschland. Seine Stücke wurden gespielt. Er selbst trat jedoch nur selten hervor, außer an seinem 80. Geburtstag, an dem er sich öffentlich feiern ließ. Im Übrigen lebte er zurückgezogen in seinem Haus „Wiesenstein" bei Agnetendorf oder auf der kleinen Insel Hiddensee bei der Insel Rügen. Seine Arbeit galt hauptsächlich dem erzählerischen Werk, zu dem die ↗ Biografie seiner jungen Jahre, *Das Abenteuer meiner Jugend*, gehört. Der Theaterdichter Hauptmann wandte sich später Stoffen aus der griechischen Sagenwelt zu. Gegen Ende des Zweiten Weltkriegs erlebte er, hochbetagt, den Zusammenbruch seiner Welt. Seinem Wunsch entsprechend wurde er auf Hiddensee beerdigt.

Heinrich Pleticha (Hrsg.): dtv junior Literatur-Lexikon. © 1986 Gemeinschaftliche Ausgabe Cornelsen Verlag, Berlin und Deutscher Taschenbuch Verlag, München

Hauptmanns Absage an politisches Engagement

Spekulationen gaben Anlass zur Vermutung, Hauptmann habe sich 1921 um das Präsidentenamt beworben. Im „Berliner Tageblatt" dementiert Hauptmann selbst dieses Gerücht.

[Dementi der Präsidentschaftskandidatur]
[Überlieferung: D in „Berliner Tageblatt"; 11.9.1921. Entstehungszeit: 10.9.1921 (Datierung in D).]

Freunde teilen mir telefonisch mit, dass Zeitungsnachrichten wissen wollen, ich trüge mich mit der Absicht, für die Reichspräsidentschaft zu kandidieren. Diese Absicht liegt mir vollständig fern. Ich erkläre schon jetzt auf das bestimmteste und nach reiflicher Überlegung: Ich werde niemals die mir angemessene literarische Wirksamkeit aufgeben und in das politische Leben eintreten. Es fehlt mir die Neigung und es fehlt mir die Eignung dazu. Damit hoffe ich alle Gerüchte, die anders lauten, ein für allemal für jetzt und für immer entkräftigt zu haben.

Gerhart Hauptmann: Sämtliche Werke, hrsg. von Hans-Egon Hass © 1996 Propyläen Verlag in der Ullstein Buchverlage GmbH, Berlin

- *Aus welchen Gründen lehnt Hauptmann die Kandidatur ab?*
- *Welche Auffassung von seiner dichterischen Tätigkeit lässt sich aus diesem Verzicht ableiten?*

Zusatzmaterial

3 Hauptmann als Dichter-König

Goethe-Schiller-Denkmal in Weimar (1852–57)

Karikatur eines Hauptmann-Denkmals (1926)

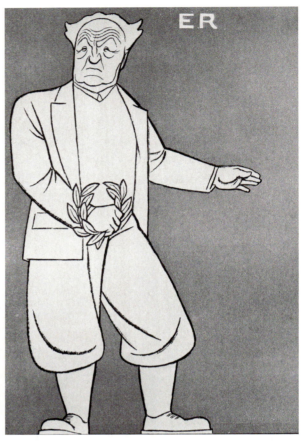

Karl Arnold, Simplicissimus vom 21.6.1926

Karikatur eines Denkmals für Goethe und Thomas Mann

H. U. Steger, Weltwoche Zürich 10.6.1949

■ *Betrachten Sie die Abbildungen. Welche Sicht auf Hauptmann und Thomas Mann wird jeweils deutlich?*

Hauptmann und Goethe

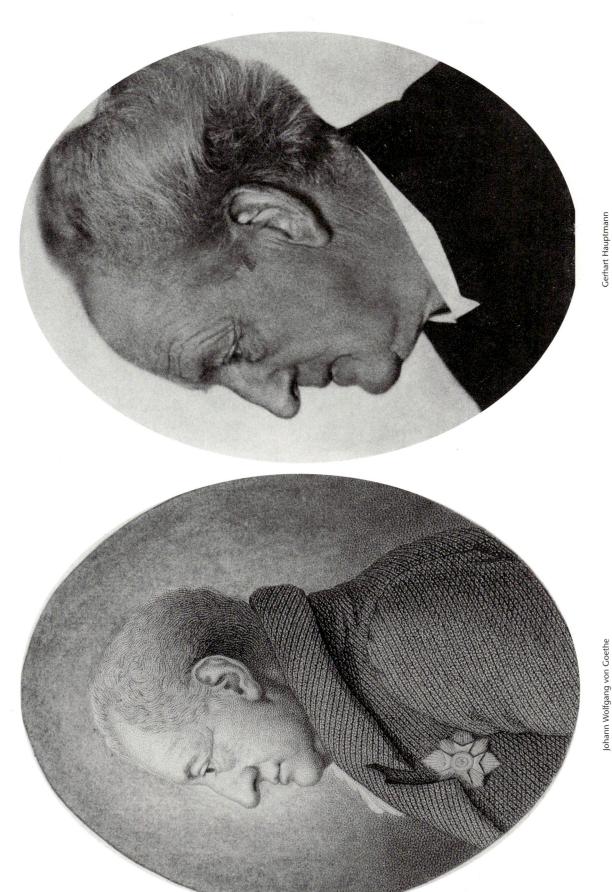

Gerhart Hauptmann

Johann Wolfgang von Goethe

■ *Vergleichen Sie die Dichter-Porträts. Zu welchem Ergebnis gelangen Sie?*

Hauptmanns Goethe-Rede (Auszug)

Am 1. März 1932 hielt Hauptmann anlässlich des hundertsten Todestages Goethes eine Rede in der Columbia-Universität zu New York.
Voll tiefer Verehrung für den Dichter Goethe hebt er dessen grandioses Wirken für die Menschheit hervor.

Und wir wissen es heute: er hat gelebt!
Noch kann ich mich von dem Magier und Doctor universalis nicht losmachen. Hier, in dem kleinen Faust-Stübchen seines repräsentativen Hauses am Frauenplan, hat er mit Dämonen Umgang gepflogen und als geistiger Schöpfer Gestalten über Gestalten in die Welt entsandt. Sie sind heute noch da, und wir können mit ihnen verkehren. Er wird auch den Stein der Weisen gesucht haben, obgleich er auch wieder die Worte sagt: „Wenn sie den Stein der Weisen hätten, der Weise mangelte dem Stein." Hier hat er seine Farbenexperimente gemacht, Pflanzen untersucht, die Urpflanze gedacht, Schillers Schädel in der Hand gehalten. Und nachdem er bekannt hat: „Den lieb' ich, der Unmögliches begehrt", kann es uns nicht mehr wundern, wenn er wünscht: „dass ich vermöge zu bilden mit Göttersinn und Menschenhand, was bei meinem Weib ich animalisch kann und muss". Ein schwaches Symbol dieses Wunsches ist der Homunculus, ein stärkeres seine Gestaltungskraft überhaupt, soweit sie in der Dichtung sichtbar wird, ein weiteres sein didaktischer Trieb, der ihn zu einem überall leidenschaftlichen und bewussten Lehrer und Bildner der Jugend macht. Die Kühnheit seiner Intuition geht aber noch darüber hinaus; es ist, als hielte er dafür, der Mensch sei am sechsten Schöpfungstage noch nicht vollendet gewesen, und man müsse verbesserte Exemplare zu schaffen versuchen.
[…] Wenn Goethe heute lebte, er würde, ohne Anspruch darauf zu erheben, wiederum ein großer Führer sein. Er starb an der Schwelle jenes gewaltigen Zeitalters, das allerdings jetzt in eine peinliche Verlegenheitspause eingetreten ist. In diesem Jahrhundert seit Goethes Tode sind fast alle Sehnsuchtsträume der Menschheit erfüllt worden. Trennende Entfernungen sind angesichts der Verkehrswunder aufgehoben. Tausend Meilen, die wir früher in kalten, rumpelnden und stoßenden Postkutschen unter wochenlangen Quälereien und Strapazen zurücklegten, kosten uns heut eine wohlige Nacht im durchwärmten Schlafwagen. Fünf Tage, auf einem schwimmenden Hotel erster Ordnung verbracht, tragen uns über den Atlantischen Ozean. Früher taten das kleine Hühnerställe in monatelanger Fahrt: man begreift heute nicht, wie sie überhaupt jemals heil über den Ozean gelangen und wie die Menschen die unaussprechlichen Qualen einer solchen Fahrt überstehen konnten. Ein Bürger Berlins, Hamburgs oder Münchens hat einen Vater, Freund, Bruder, Sohn in Amerika. Vor unserer Zeit hätte er, um ihn zu sprechen, eine monatelange Reise unternehmen müssen. Heute bleibt er geruhig in seinem Zimmer und tut nur einen Griff nach dem Fernsprecher: eine Viertelstunde später hört er die Stimme seines Vaters, Freundes, Bruders, Sohnes im Apparat, und dieser wieder hört seine Stimme. Die Entfernung ist fort: als ob sie alle im gleichen Zimmer wären, können sie sich miteinander verständigen. Das lenkbare Luftschiff, der Zeppelin, umkreist in acht Tagen die Erdkugel, Flugzeuge überbieten ihn, denn das Flugproblem ist gelöst worden. Lindbergh überflog in einem Tage den Atlantischen Ozean. Briefe besorgt der Telegraf, eine Erfindung, die ermöglicht, dass sie, in New York in einem Augenblick aufgegeben, im nächsten bereits in Kalkutta, Peking oder in Kapstadt sind. Man kann die Glocken von Kopenhagen vermöge des Radio in jedem italienischen oder deutschen Hause hören und in Moskau einer großen Messe im Kölner Dom beiwohnen. Zu alledem kommen die hygienischen Fortschritte: Wasserspülungen, rationelle Erwärmungen ganzer Häuser, die elektrische Birne, welche die Luft nicht verdirbt und die Nacht zum Tage macht. Goethe noch las bei zwei Stearinkerzen. Früher berauschte und verzückte uns die übermäßige Helle des Weihnachtsbaumes: um ihn zu sehen, müssen wir heute das elektrische Licht löschen, und dann freuen wir uns an der schummrigen Düsternis.
Alles dieses hat Goethe nicht erlebt. Einer der größten unter den Sehern konnte diese Entwicklung nicht voraussehen! Dazu kommen die Fortschritte in der Bekämpfung von Krankheiten, auf dem Gebiete der Hygiene, der Bakteriologie und Chemie, die Wunder der Chirurgie nicht zu vergessen. Hätte sein sterbendes Seherauge das alles erblickt, er würde schwerer als so gestorben sein. Hätte aber ein Eingriff der oberen Mächte seinem Leben ein Jahrhundert zugesetzt, wie würde er die Enttäuschung, die sich leider an uns herannestelt, ertragen haben? Oder ist der Mensch mit seinen Fortschritten fortgeschritten? Ist er ihrer würdig geworden?
Ich wiederhole: Wenn Goethe heut lebte, er würde uns wieder, und heut mehr als einst, der große Führer sein.

Gerhart Hauptmann: Sämtliche Werke, hrsg. von Hans-Egon Hass © 1996 Propyläen Verlag in der Ullstein Buchverlage GmbH, Berlin

■ Fassen Sie den Inhalt des Textes stichwortartig zusammen. Welche Besonderheiten hebt Hauptmann an der Dichterpersönlichkeit und dessen Dichtung hervor?

Erklärungen zu Eigennamen

Im Folgenden sind kurze Erklärungen und Hinweise zu Eigennamen und Begriffen, die das Textverständnis erleichtern, aufgelistet.

S. 16: **Fust, Johann**, Buchdrucker, geb. um 1400 in Mainz, gest. um 1466 in Paris; dt. Verleger und Buchhändler. Gläubiger Gutenbergs, gegen den er 1455 prozessierte. Verlegte mithilfe seines Schwiegersohnes Peter Schöffer u. a. den von J. Gutenberg begonnenen Mainzer Psalter (1475).

Autograph, (griech.) vom Verfasser eigenhändig geschriebenes Schriftstück, Manuskript.

Laokoon, Gestalt der griech. Mythologie; trojanischer Apollonpriester, der seine Landsleute vor dem hölzernen Pferd der Griechen warnt und deswegen mit seinen Söhnen von zwei Schlangen erwürgt wird.

Laokoongruppe, eine plastische Marmorgruppe rhodanischer Bildhauer, u. a. Polydoros; 1506 in Rom wieder aufgefunden; Winckelmann, Lessing und Goethe entwickelten an dieser Gruppe (heute: Vatikanische Sammlungen) kunsttheoretische Überlegungen.

S. 18: **Kaulbach, Wilhelm von**, geb. in Arolsen 15.10.1805, gest. in München 7.4.1874; dt. Maler. Lebte ab 1826 in München (dort ab 1937 Hofmaler), schuf effektvolle Decken- und Wandgemälde und Buchillustrationen.

S. 26: **Schliemann, Heinrich**, geb. 6.1.1822 bei Bad Doberan, gest. 26.12.1890 in Neapel, dt. Altertumsforscher. Unternahm 1870–82 und 1890 Ausgrabungen in dem von ihm aufgrund genauer Studien Homers 1868 entdeckten Troja.

Grote, Hermann, geb. 18.12.1802 in Hannover, gest. 13.3.1895 in Hannover; Numismatiker; Jurist; Begründer der wissenschaftlichen dt. Münzkunde des Mittelalters.

S. 75/76: **Hedin, Sven**, geb. in Stockholm 19.2.1865, gest. 16.11.1952; schwedischer Asienforscher. Unternahm seit 1894 mehrere Expeditionen nach Zentralasien (bes. Tibet); erforschte 1927–35 die Gobi und Chinesisch-Turkestan.

Filchner, Wilhelm, geb. in München 13.9.1877; gest. in Zürich 7.5.1957; dt Forschungsreisender. Reisen nach NO-Tibet und China.

„Diverse Definitionen von Eigennamen", Meyers Taschenlexikon in 10 Bänden © F. A. Brockhaus in der wissenmedia GmbH, Gütersloh/München

Max Pinkus (1934)

Am 19. Juni dieses Jahres starb der Königlich Preußische Kommerzienrat Max Pinkus im 77. Lebensjahr in seiner Heimatstadt, Neustadt in Oberschlesien. Unter seiner Leitung erreicht die von seinem Groß-
5 vater gegründete deutsche Weltfirma, die Tischzeug- und Leinwandfabrik S. Fränkel, den Höhepunkt ihrer Entwicklung. Die Welt aber lernte diesen tüchtigen Mann auch auf anderem Gebiete schätzen. Die großen wirtschaftlichen Erfolge, die seine Kraft und Tä-
10 tigkeit sehr in Anspruch nahmen, verhinderten ihn nicht, sich auch der Kunst und Literatur zu widmen. Seit jungen Jahren war er gewohnt, nach vollbrachter Tagesarbeit in das Reich der Bücher zu flüchten, um mit der Zeit eine der schönsten historischen Samm-
15 lungen schlesischen Geistesgutes zusammenstellen zu können. Das war ihm Erholung und Freude.
Diese Schlesische Bücherei, die sich auf Werke gebürtiger Schlesier beschränkt, wuchs so rasch, dass sie heute ungefähr 17 000 Bände sowie viele Urkunden,
20 Briefe und Autogramme umfasst. Alles, was über das kulturelle Leben Schlesiens geschrieben oder gedruckt worden ist – alte Handschriften und Dokumente, die bis ins 15. Jahrhundert zurückgehen, und das gesamte literarische Werk der Provinz in Erstdrucken – lässt
25 sich hier finden. […] Erst wenn man diese Bücherschätze durchblättert, gewinnt man das richtige Verständnis für die Leistung Schlesiens durch Jahrhunderte hindurch auf dem Gebiet der deutschen Literatur. Von den heutigen Dichtern seiner Heimat
30 sammelte Max Pinkus mit besonderer Begeisterung das Werk Gerhart Hauptmanns. Jedes von ihm und über ihn erschienene Buch, die seltensten Erst- und Luxusdrucke sowie die gewöhnlichsten Zeitungsausschnitte, wurde mit größter Sorgfalt zusammengetra-
35 gen und dieser Abteilung der Bücherei einverleibt. Eine solche Vollständigkeit lässt sich nicht leicht vorstellen, aber ein vor kurzem erschienenes Verzeichnis der wichtigsten Stücke zeugt dafür. Als Freund und Verehrer des Dichters, ließ Pinkus zum 60. Geburtstag
40 Gerhart Hauptmanns die erste große Hauptmann-Bibliografie als Privatdruck erscheinen, und zehn Jahre später ermöglichte er seinem treuen Mitarbeiter, Viktor Ludwig, die Herausgabe einer neuen und viel reichhaltigeren Auflage dieses Werkes, das für die
45 Hauptmannforschung geradezu unentbehrlich geworden ist.
In den letzten zehn Jahren, nachdem der alte Herr sich vom aktiven Geschäftswesen zurückgezogen hatte, widmete er sich ganz der bibliophilen Arbeit.
50 Jederzeit bereit, wissenschaftliche und literarische Arbeit zu fördern, machte er seine Schätze der Forschung zugänglich und hieß alle, die mit Liebe und Eifer auf diesem Gebiet schafften, willkommen. Aus allen Ländern der Welt kehrten Gelehrte und Wissen-
55 schaftler bei ihm ein, sein Haus und seine Bibliothek standen jedem offen. Alle fanden nicht nur gastfreundliche Aufnahme, sondern auch Förderung und Anregung in ihren wissenschaftlichen Arbeiten. Mancher amerikanische Germanist hatte Gelegen-
60 heit, diese wertvollen Sammlungen zu benutzen und Max Pinkus als einen anregenden, hochgebildeten und edlen Menschen kennenzulernen. In den schweren Jahren nach dem Kriege unterstützte er aus eigenen Mitteln manchen leidenden geistigen Arbei-
65 ter. In den Kreisen seiner Freunde und Bekannten hörte man viel von diesem stillen, segensreichen Wirken dieses edlen Menschen, während er selber nur immer von Pflicht und Schuldigkeit sprach.
Max Pinkus hätte eigentlich einen ruhigen und schö-
70 nen Lebensabend verdient, aber es ergab sich, dass er noch manches bittere Wort hören und manche böse Erfahrung machen musste. Er, der als Sammler deutschen Geistesgutes wirkliche Schätze mit Stolz und Freude für seine Heimat betreute und sich seines
75 Deutschtums tief bewusst war, musste es noch erleben, aus politischen Gründen angepöbelt zu werden. Tief gekränkt, aber ohne Verbitterung zog er sich von der Welt zurück und widmete die letzten Kräfte seiner Sammlung. Ein reger Briefwechsel, den er bis zuletzt
80 mit Freunden in allen Weltteilen unterhielt, machte ihm die größte Freude, und wer an diesem intimen Austausch von Ideen teilnehmen durfte, war sich der Bescheidenheit und Großzügigkeit dieses einzigartigen Menschen bewusst. Diese Briefe, durchdrungen
85 von seiner Persönlichkeit, sind Dokumente reinster Menschlichkeit, die für jeden, der an ihnen Anteil hatte, ein wirkliches Erlebnis waren.
Dem geistigen Deutschland ist durch seinen Tod ein Mann entrissen worden, der sich als Freund und Mä-
90 zen der Literatur große Verdienste erworben hatte. Wenn die Zeiten wieder ruhiger werden und der Lärm des Alltags verschwindet, wird man erst die Bedeutung dieses Menschen zu schätzen wissen. Max Pinkus hat es verdient, dass alle treuen Freunde des deut-
95 schen Geistes seiner Arbeit gedenken und seinen Namen in Ehren halten.

Aus: Walter Reichart: Ein Leben für Gerhart Hauptmann. Erich Schmidt Verlag, Berlin 1991, S. 47f.

■ *Vergleichen Sie das literarische Porträt von Hauptmanns Freund Max Pinkus mit dem Protagonisten des Dramas Matthias Clausen.*

Die Philosophie der Stoiker

**„Secundum naturam vivere" –
Gemäß der eigenen Natur leben**

Stoa – das ist eine Säulenhalle. In ihr trafen sich um 300 v. Chr. im alten Athen Philosophen, die hier ihr Weltbild entwickelten, das schließlich den Namen des Ortes bekam, an dem sie sich trafen. Zenon und Kleanthes waren die Gründer dieser älteren Stoa. Neue Aktualität erhielt die Lehre in der mittleren Stoa im zweiten und ersten Jahrhundert v. Chr. durch Panaitios und Poseidonius.

Die Stoa sah die Welt als einen für die Menschen geordneten Kosmos an. Ihr Schöpfer ist ein Gott, der mit der allumfassenden Weltvernunft gleichzusetzen ist. Als feuriges Pneuma (Geist) beseelt sie die ganze Welt. Der Mensch ist in ein System eingebunden, in dem sein ganzes Schicksal vorherbestimmt ist. **Seine Freiheit besteht darin, das für ihn bestimmte Fatum (Schicksal) anzunehmen. Er muss dazu seine eigene Natur finden und nach ihr leben.** Dies führt zur Gelassenheit in der Lebensführung. Dadurch kann er Affekte wie Furcht, Schmerz, Lust oder Zorn meiden, denn diese führen ihn weg von seinem Fatum. Der Mensch ist als Gemeinschaftswesen dazu bestimmt, mit anderen vernünftigen Wesen zusammenzuleben. Grundlage des Zusammenlebens ist die Gerechtigkeit, die in jedem Menschen von Natur aus angelegt ist. Deshalb müssen auch die Gesetze dieser Gerechtigkeit entsprechen.

Der Mensch hat Verpflichtungen der Gemeinschaft gegenüber. Er soll als Politiker oder als Philosoph wirken und kann dafür mit einem Platz im Elysium rechnen. Zu den Pflichten gehört auch die Schließung einer Ehe und das Zeugen von Kindern.

Im Tode wird man aus dem Körper, dem Gefängnis der Seele, befreit. Man darf sich aber nicht selbst von seinem Körper lösen (abgesehen von fest umschriebenen Ausnahmen), da das Leben eine Bewährungszeit ist, aus der einen nur der Gott abberufen kann. Nach dem Tod kann die Seele ins Elysium, den Bereich der Seligen in der Unterwelt, zurückkehren und so wieder Teil des Pneumas werden, oder sie wird wieder in einen Körper geschickt zu einer neuen Bewährung.

Gegen Ende der republikanischen Zeit wurde die Stoa in Rom bekannt. Da die alten mythischen Gottesvorstellungen ihre Attraktivität verloren hatten, **wurde diese Philosophie in Rom um die Zeitenwende zur Religion der Gebildeten**. Diese jüngere Stoa wurde von römischen Denkern wie Seneca, Epiktet und Marc Aurel fortgeführt. Mit Marc Aurel wurde eine Vorstellung, die schon Platon geäußert hatte, Wirklichkeit: Mit ihm kam ein stoischer Weiser auf den römischen Kaiserthron (161–180 n. Chr.). Er war ein feinsinniger Mensch, musste aber fast ständig Kriege führen, da das Römische Reich durch Angriffe von außen bedroht war. Marc Aurel starb im Feldlager. Die Vorstellung der Stoa, dass der Mensch im Jenseits Lohn und Strafe zu erwarten habe, hatte starken Einfluss auf die christliche Vorstellung von Hölle, Himmel und Fegefeuer.

Aus: Hermann Nink: Standpunkte der Ethik. Oberstufe. Paderborn 2000, S. 138

Reiterdenkmal Mark Aurels auf dem Kapitol in Rom. Es ist das einzige aus der Antike erhaltene Reiterdenkmal.

■ *Fassen Sie die Hauptaussagen des Textes zusammen und stellen Sie Ihre Ergebnisse im Plenum vor.*

Seneca: Tugend und sittliche Vollkommenheit

Daher will ich dir, wenn du einverstanden bist, zunächst den Unterschied zwischen der Weisheit und der Philosophie beschreiben: Weisheit ist das vollkommene Gut menschlichen Geistes; Philosophie ist die Liebe zur Weisheit und das Bemühen um sie ... Freilich ist weder die Philosophie ohne Tugend möglich noch die Tugend ohne die Philosophie. Philosophie ist das Streben nach Tugend, aber eben mithilfe der Tugend.

[...]

Der sittlichen Vollkommenheit schreiben wir folgende Aufgaben zu: Sie soll die Leidenschaften zügeln, Ängste beseitigen, voraussehen, was zu tun ist, und jedem das Seine zuteilen. So verstehen wir die Begriffe Mäßigkeit, Tapferkeit, Klugheit, Gerechtigkeit und bestimmen jedem seine zugehörigen Pflichten. [...]

Die sittliche Vollkommenheit lässt sich nicht steigern, folglich ist auch das glückliche Leben nicht steigerungsfähig, da es ja auf der Tugend beruht. Die sittliche Vollkommenheit ist nämlich ein so großes Gut, dass sie diese unbedeutenden Begleiterscheinungen wie Küre des Lebens, Schmerz und verschiedene körperliche Beeinträchtigungen gar nicht spürt; die Lust freilich ist erst recht nicht ihre Beachtung wert. Was ist das besondere der Tugend? Von der Zukunft unabhängig zu sein und ihre Tage nicht zu zählen. Auch in noch so kurzer Zeit bringt sie ihre ewigen Vorzüge zur Vollendung. [...]

Du musst wissen, dass der sittlich gute Mann keinen Augenblick zögert, eine edle Tat zu vollbringen. Mag da der Henker stehen, mögen der Folterknecht und der Scheiterhaufen auf ihn warten, er wird standhaft bleiben und nicht auf das schauen, was er zu erleiden, sondern auf das, was er zu tun hat. Er wird sich einer ehrbaren Sache so vertrauensvoll überlassen wie einem guten Menschen. [...]

Alles kann man verachten, alles haben nicht. Der kürzeste Weg zum Reichtum führt über die Verachtung des Reichtums. [...] Nicht wer zu wenig hat, sondern wer mehr haben will, ist arm. [...] Du fragst nach dem Maß des Reichtums? Erstens, das zu haben, was notwendig ist, dann: das, was ausreicht.

Aus: Seneca-Brevier, hg. und übersetzt von Ursula Blank-Sangmeister. Reclam, Stuttgart 1996, S. 32, 242f., 216f.

■ *Fassen Sie die Aussage des Textes zusammen. Diskutieren Sie inhaltliche Parallelen zum Drama.*

Johann Wolfgang von Goethe: Die Leiden des jungen Werthers (1772)

„Es ist beschlossen, Lotte, ich will sterben, und das schreibe ich dir ohne romantische Überspannung, gelassen, an dem Morgen des Tages, an dem ich dich zum letzten Male sehen werde. Wenn du dieses liesest, meine Beste, deckt schon das kühle Grab die erstarrten Reste des Unruhigen, Unglücklichen, der für die letzten Augenblicke seines Lebens keine größere Süßigkeit weiß, als sich mit dir zu unterhalten. Ich habe eine schreckliche Nacht gehabt und, ach, eine wohltätige Nacht. Sie ist es, die meinen Entschluss befestiget, bestimmt hat: Ich will sterben! Wie ich mich gestern von dir riss, in der fürchterlichen Empörung meiner Sinne, wie sich alles das nach meinem Herzen drängte und mein hoffnungsloses, freudeloses Dasein neben dir in grässlicher Kälte mich anpackte – ich erreichte kaum mein Zimmer, ich warf mich außer mir auf meine Knie, und o Gott! du gewährtest mir das letzte Labsal der bittersten Tränen! Tausend Anschläge, tausend Aussichten wüteten durch meine Seele, und zuletzt stand er da, fest, ganz, der letzte, einzige Gedanke: Ich will sterben! – Ich legte mich nieder und morgens, in der Ruhe des Erwachens, steht er noch fest, noch ganz stark in meinem Herzen: ich will sterben! – Es ist nicht Verzweiflung, es ist Gewissheit, dass ich ausgetragen habe, und dass ich mich opfere für dich. Ja, Lotte! warum sollte ich es verschweigen? Eins von uns dreien muss hinweg, und das will ich sein! O meine Beste! in diesem zerrissenen Herzen ist es wütend herumgeschlichen, oft – deinen Mann zu ermorden! – dich! – mich! – So sei es denn! – Wenn du hinaufsteigst auf den Berg, an einem schönen Sommerabende, dann erinnere dich meiner, wie ich so oft das Tal heraufkam, und dann blicke nach dem Kirchhofe hinüber nach meinem Grabe, wie der Wind das hohe Gras im Scheine der sinkenden Sonne hin und her wiegt. – Ich war ruhig, da ich anfing, nun, nun weine ich wie ein Kind, da alles das so lebhaft um mich wird. –"

Johann Wolfgang Goethe: Die Leiden des jungen Werthers. Paderborn 2009, S. 107–108

- Informieren Sie sich über den Inhalt des Briefromans.
- Analysieren Sie den Auszug aus dem Briefroman unter besonderer Berücksichtigung des Todesmotivs.
- Vergleichen Sie den Entschluss Werthers zum Selbstmord mit dem Matthias Clausens.

Das aristotelische Drama

Der Erste, der eine Theorie des Dramas entwickelte und dabei Grundsätzliches zu dessen Struktur formulierte, war der griechische Philosoph Aristoteles (384–322 v. Chr.) in seiner Schrift „Über die Dichtkunst". Diese Theorie ist nichts anderes als die systematische Zusammenfassung seiner Eindrücke und Beobachtungen zu den Theaterstücken seiner Zeit. Die genannte Poetik des Aristoteles ist nur in Bruchstücken überliefert und stellte überdies wohl eher eine Sammlung von Notizen für den Unterricht an seiner Philosophenschule dar als eine ausgearbeitete Theorie.

Dennoch galten die erhalten gebliebenen Definitionen und Lehrsätze in der Geschichte des europäischen Theaters lange Zeit als oberster Maßstab. Bis ins 19. Jahrhundert hinein waren die Dichter und Literaturtheoretiker bestrebt, ihre Werke und Poetiken mit der Autorität des Aristoteles zu legitimieren. […]

Der Schriftsteller und Literaturwissenschaftler Gustav Freytag hat 1863 in seinem Buch „Die Technik des Dramas" die Theorie des klassischen, aristotelisch geprägten Dramas in stark schematisierter Form zusammengefasst, indem er die Dramenstruktur als „pyramidalen Bau" beschrieb.

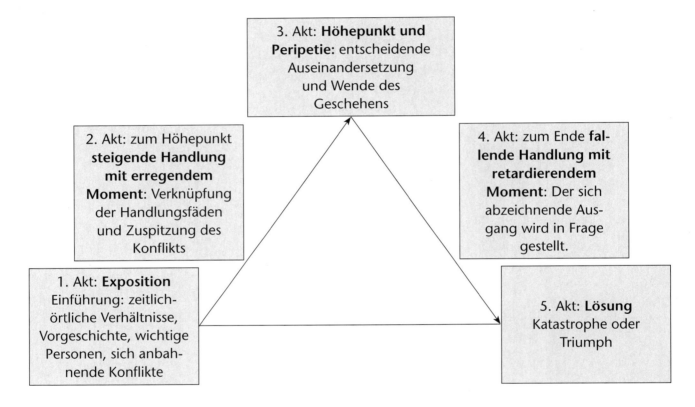

Wesentlich für die Struktur des klassischen Dramas sind die auf Aristoteles zurückgehenden drei Einheiten: **die Einheit der Handlung, der Zeit und des Ortes.** Jede Szene des Dramas erweist sich als Teil des einen geradlinigen, zeitlich eng begrenzten und an einen Ort gebundenen Handlungsstranges. Die Szenen (Auftritte) sind zu fünf Akten (Aufzügen) gebündelt. Diese fünf Akte stehen in einem die Spannung aufbauenden Funktionszusammenhang, sie bilden die Etappen, die den dramatischen Prozess in seiner idealtypischen Verlaufsform gliedern.

Gustav Freytag bezog seine Aussagen auf die klassische Tragödie, die mit einer „Katastrophe" endet. Die Strukturbeschreibung ist jedoch mit unwesentlichen Änderungen auch auf ein Schauspiel mit positivem Ausgang übertragbar.

1. Akt, **Exposition:** Die Zuschauer/innen werden eingeführt in Zeit, Ort, Atmosphäre der Handlung; sie lernen die für die Handlung wichtigen Personen direkt (sie treten auf) oder indirekt (es wird über sie gesprochen) kennen; der Konflikt beginnt sich mehr oder minder deutlich abzuzeichnen.

2. Akt, **steigende Handlung mit erregendem Moment**: Die Handlung erhält einen entscheidenden Anschub, Interessen stoßen aufeinander, Intrigen werden gesponnen, der Ablauf des Geschehens beschleunigt sich in eine bestimmte Richtung; dadurch steigt die Spannung auf den weiteren Verlauf der Handlung und das Ende (Aufbau einer Finalspannung).

3. Akt, **Höhepunkt und Wendepunkt**: Die Entwicklung des Konflikts erreicht ihren Höhepunkt, der Held/die Heldin steht in einer entscheidenden Auseinandersetzung, die Einfluss auf das weitere Schicksal hat. Es erfolgt eine Wende zu Sieg oder Niederlage, zu Absturz oder Erhöhung.

4. Akt, **fallende Handlung mit retardierendem Moment**: Die Handlung fällt jetzt auf das Ende zu; dennoch wird die Spannung noch einmal gesteigert, indem die Entwicklung im sogenannten retardierenden Moment verzögert wird.

5. Akt, **Lösung des Geschehens** in Form einer **Katastrophe** oder eines **Triumphes** bzw. positiven Endes: Die Schlusshandlung bringt die Lösung des Konflikts mit dem Untergang des Helden/der Heldin oder die Auflösung aller Verwicklungen. Im Falle einer Katastrophe ist der äußere Untergang, der Tod des Helden/der Heldin mit einem inneren, z. B. moralischen Sieg verbunden.

Ziel des aristotelischen Theaters ist es, den Zuschauer/die Zuschauerin an das Geschehen zu binden, indem er/sie sich zum Beispiel mit den Figuren identifiziert, mit ihnen mitleidet, sich mit ihnen in Gefahrensituationen fürchtet und sich mit ihnen freut. Auf diesem Weg sollte eine innere Reinigung **(Katharsis)** von derartigen Gemütsbewegungen bewirkt werden.

Nach: Heinrich Biermann und Bernd Schurf (Hrsg.): Texte, Themen und Strukturen. Deutschbuch für die Oberstufe. Berlin 1999, S. 164f.

Prüfen Sie, inwieweit sich das von Gustav Freytag 1863 vorgeschlagene Pyramidenschema auf den Handlungsablauf in „Vor Sonnenuntergang" anwenden lässt.

Literaturverzeichnis

Primärliteratur:

Gerhart Hauptmann: Vor Sonnenuntergang. Schauspiel. Ullstein Verlag 2000.

Gerhart Hauptmann: Sämtliche Werke, hrsg. von Hans-Egon Hass, Propyläen Verlag in der Ullstein Buchverlage GmbH, Berlin 1996.

Sekundärliteratur:

Cowen, Roy C.: Hauptmann-Kommentar zum dramatischen Werk. München 1980.

de Mendelssohn, Peter: Von deutscher Repräsentanz. München 1972.

Fiedler, Ralph: Die späten Dramen Gerhart Hauptmanns. München 1954.

Grimm, Gunter: Rezeptionsgeschichte. Grundlegung einer Theorie mit Analysen und Bibliographie. München 1977.

Kaes, Anton (Hrsg.): Weimarer Republik. Manifeste und Dokumente zur deutschen Literatur 1918–1933. Stuttgart 1983.

Meier, Christel Erika: Das Motiv des Selbstmords im Werk Gerhart Hauptmanns. Würzburg 2005.

Schulz, Gerhard: Gerhart Hauptmanns „Vor Sonnenuntergang". In: Germanisch-Romanische Monatsschrift (hrsg. v. F. R. Schröder), Bd. XIV, Heft 4 1964, S. 278 ff.

Sprengel, Peter: Gerhart Hauptmann. Epoche – Werk – Wirkung. München 1984.

von Brescius, Hans: Gerhart Hauptmann. Zeitgeschehen und Bewusstsein in unbekannten Selbstzeugnissen. Eine politisch-biographische Studie. Bonn 1977.